Gulliver Taschenbuch 383

Kurt Wasserfall, geboren 1952, ist in Ostfriesland aufgewachsen. Er arbeitete in vielen Berufen, u.a. als Regieassistent und Schauspieler. Heute ist er freischaffender Autor und lebt mit seiner Familie im Sauerland. Bei Gulliver erschienen von ihm bisher *Ben Mahkis*, ausgezeichnet mit dem Friedrich-Gerstäcker-Preis, und *Minona*, der erste Band zu dem hier vorliegenden *Minona und der Schwarze Tod*.

Kurt Wasserfall

Minona und der Schwarze Tod

Roman

BELTZ
& Gelberg

Gulliver Taschenbuch 383

Programm Beltz & Gelberg, Weinheim

Erstmals erschienen 1993 im Anrich Verlag
Einbandgestaltung von Max Bartholl
Einbandbild von Ute Martens
Gesamtherstellung Druckhaus Beltz, 69494 Hemsbach
Printed in Germany
ISBN 3 407 78383 3
1 2 3 4 5 04 03 02 01 00

-1-

Das Kerkerloch

Minona und Torger standen am Stadtgraben. Im Mondlicht schimmerte das Wasser dunkel und tief, der Schatten eines Nachtvogels glitt über sie hin. Minona holte tief Luft.

Endlich frei, dachte sie.

Sie waren auf der Flucht und brauchten nur noch über den Palisadenstaudamm an der Baustelle des neuen Wachturms zu balancieren, dann würden sie die Hansestadt Dortmund hinter sich lassen. Endlich!

Sie flohen vor der Stadtwache, die sie verfolgen würde, sobald der Mord an dem päpstlichen Gesandten entdeckt wäre.

„Komm!“ sagte Torger und zog sie mit sich.

Er lief mit zwei Schritten zum Wehr, wo die zugespitzten Holzpfähle, die das Wasser stauten, einen schmalen Übergang bildeten. Mühsam stieg er auf den ersten Pfahl. Er war noch sehr schwach von dem Kampf mit dem päpstlichen Gesandten. Minona wollte ihm helfen, sie kletterte hinter ihm her und richtete sich gerade auf, als Torger sie plötzlich niederdrückte und regungslos verharrte.

„Psst!“ sagte er. „Da kommt jemand.“

Auch Minona hatte ein Geräusch gehört, sie lauschte gespannt. Von irgendwoher drangen laute Stimmen durch die Nacht, da kam jemand an der Stadtmauer entlang.

„Auf dem Wehr entdecken sie uns sofort“, flüsterte Tor-

ger. „Bei dem Mondlicht." Er sprang runter und zog sie mit sich. Sie liefen zu einem Steinhaufen und kauerten sich zu Boden.
„So ein Mist!" schimpfte eine Männerstimme. „Wozu laufen wir uns die Hacken ab?"
„Reg dich nicht auf", antwortete eine zweite Stimme. „Morgen früh nehm ich dich mit zur Imelda ins Schwitzhaus, sollst mal sehen, wie schnell du da deinen Nachtdienst vergißt."
„Meinst du?" fragte der erste zweifelnd.
Die beiden kamen näher, bogen zur Baustelle ein, genau dorthin, wo Minona und Torger hockten. Minona sah die Gestalten vor dem Steinhaufen, ihr Herz klopfte wie wild. Es war die Stadtwache, sie erkannte die Hellebarden, und die Kettenhemden klirrten bei jeder Bewegung.
Sie haben die Leiche entdeckt, dachte Minona. Ihre Angst wuchs, sie griff hastig nach Torgers Hand. Er sah sie an und lächelte aufmunternd.
„Sie suchen uns", sagte Minona.
„Sie werden uns aber nicht finden", flüsterte ihr Torger ins Ohr.
Die Wache ging weiter und verschwand aus ihrem Blickfeld. Sie warteten, bis nichts mehr zu hören war, dann schlichen sie wieder zum Holzdamm. Torger wollte sich gerade hochziehen, als auf einmal ein Stadtsoldat hinter der halbfertigen Mauer des Wachturms hervorsprang, zu Torger stürzte und ihn zu Boden riß. Der zweite Soldat war ebenso schnell bei Minona und griff sie am Arm. Sie schrie vor Schmerz auf.
„Du hattest recht!" rief der erste triumphierend. „Da war wirklich was. Sieh mal an."
„Ein Mädchen und ein Kerl", meinte der andere Soldat und grinste. „Was sucht ihr hier auf der Baustelle?"

„Laß mich los!“ sagte Torger ärgerlich und wollte sich befreien, aber der Wächter hielt ihn fest.
„Ihr kommt mit!“ meinte der Soldat und zog Torger über den Bauplatz.
„Aber wir haben doch nichts getan, wir wollten nur...“, rief Minona, doch auch sie wurde fortgezogen.
„Ihr wolltet ausreißen“, sagte der zweite Soldat brummig. „Und das erlauben wir nicht. Niemand darf die Stadt verlassen, Befehl des Rates. Und solche Galgenvögel wie ihr schon gar nicht.“
Im Eilschritt wurden sie fortgebracht, an der Stadtmauer entlang zum Neuentor. Torger stolperte über etwas und fiel hin, da riß ihn der Soldat unsanft hoch und zerrte ihn weiter. Am Neuentor standen noch mehr Stadtsoldaten, ihre Rüstungen und Waffen glänzten silbern im Mondlicht.
Minona wunderte sich, daß um diese nächtliche Stunde so viele Soldaten Wachdienst hatten.
War das alles wegen ihnen? Sie würde schwören, daß es nie ihre Absicht gewesen war, den Gesandten zu töten. Daß der päpstliche Gesandte in Wahrheit ein Hochstapler, ein übler Verbrecher gewesen war, das würde ihr bestimmt niemand glauben.
„Die gesamte Stadtwache ist auf den Beinen“, sagte Torger leise. „Welche Ehre für zwei so harmlose Spitzbuben, wie wir es sind, nicht?“
Ihre Hände wurden mit Hanfseilen zusammengebunden, die Fesseln schnitten Minona ins Handgelenk.
„Es tut mir leid“, sagte Torger. „Es ist alles meine Schuld.“
„Nein“, sagte Minona bitter, „deine Schuld ist es nicht.“
„Wohin stecken wir sie?“ fragte der Soldat.
„Im Turm ist ein Treppenloch“, meinte ein anderer Soldat. Er schubste sie beide zum Neuentor.

Minona blickte über die Schulter zum Haus des Torwächters Hornfeld, der gewöhnlich am Neuentor Dienst tat und dessen Tochter Lydia ihre Freundin war. Das Haus war dunkel, der Torwächter nirgends zu sehen. Zwar war er ein grimmiger Mann und nie gut auf sie zu sprechen gewesen, doch er hätte zumindest Lydia benachrichtigen können. Lydia hatte ein uneheliches Kind, einen sechs Monate alten Sohn, Johannes. Minona war bei der Geburt dabeigewesen. Lydia könnte ihnen helfen, könnte sie vielleicht sogar befreien.
Der Soldat schob sie ins Innere des Turms, schloß das Kellerloch auf und stieß sie ins Dunkle. Minona stolperte über einen Körper, der dort lag und fiel gegen die Wand, Torger riß sie mit sich. Die Tür schlug zu und der Riegel knirschte, als er vorgeschoben wurde.
Torger richtete sich, so gut es ging, auf.
„Was ist hier los?“ schimpfte die Stimme des Mannes, über den Minona gestolpert war. „Werd ich endlich freigelassen?“
„Schlaf weiter“, sagte Torger. „Du hast Gesellschaft bekommen.“
„Verbrecher, alles Verbrecher“, brummte der Mann und rollte sich auf die andere Seite.
Es war sehr eng in dem Loch. Minona konnte die Beine nicht ausstrecken, sie lehnte sich an die feuchte Wand. Die Kälte kroch wie ein Tier aus den Steinen heraus und über ihren Rücken. Den Körper des fremden Mannes spürte sie an einer Seite, es war ihr sehr unangenehm. Sie drängte sich näher zu Torger, aber seine Nähe beruhigte sie nicht.
„Und jetzt?“ fragte sie verzweifelt.
„Ich versteh das nicht“, meinte Torger nachdenklich. „Nur wegen uns haben sie wohl kaum die ganze Wache in Alarmbereitschaft gesetzt.“

„Vielleicht ja doch", meinte Minona mutlos.
„Lydia muß uns helfen", sagte Torger.
„Ruhe!" schimpfte der dritte Gefangene ärgerlich.
„Was werden sie mit uns machen?" fragte Minona sehr leise.
„Ich kann beweisen, daß der päpstliche Gesandte ein Verbrecher war. Dann..."
„Wie? Wie willst du das beweisen?"
„Mir wird schon etwas einfallen", meinte Torger ruhig. „Mach dir keine Gedanken mehr, versuch zu schlafen, irgendwie, im Moment können wir nichts Besseres tun."
Er zog die Knie bis zum Bauch, und bald merkte sie, wie sein Atem ruhiger wurde.
Torger hat gut reden, dachte Minona. Gestern war sie noch die reiche Kaufmannstochter gewesen, und heute saß sie im finstersten Kellerloch und hatte jemanden erstochen. Und da sollte sie sich keine Gedanken machen!
Torger war lange Zeit der Gehilfe des päpstlichen Gesandten gewesen, dieses Hochstaplers, der sich als Gesandter des Papstes aus Avignon ausgegeben hatte und dem es so tatsächlich gelungen war, in der Reichsstadt Dortmund zu hohem Ansehen zu gelangen. Er hatte eine kostbare Reliquie an die Stadt Dortmund verkaufen wollen. Die Reliquie war natürlich gefälscht gewesen. Ausgerechnet in diesen Torger hatte sie sich verliebt, sie, die Adoptivtochter des angesehen Kaufherren Heymanns. Weil der Hochstapler Torger für einen Verräter gehalten hatte, hatte er ihn umbringen wollen. Sie hatte Torger befreit, und dabei war es zu dem Kampf gekommen, bei dem sie dem Hochstapler und päpstlichen Gesandten den vergifteten Dolch ins Bein stieß. Sie hatte das nicht gewollt, bestimmt nicht. Und zu allem Elend wollte ihr Adoptivvater sie unbedingt heiraten, möglichst bald. Deshalb hatte sie auch fliehen wollen.

Minona schloß die Augen, Lichtpunkte blitzten in der Schwärze wie Sternschnuppen und ließen sie nicht zur Ruhe kommen. Der dritte Gefangene schnarchte und wälzte sich unruhig hin und her. Sie wollte ihm ausweichen, aber es war einfach nicht genug Platz. Bald taten ihre Beine weh, und der ganze Rücken schmerzte und wurde steif wie ein Brett. Sie wollte sich aufrichten, doch da stieß sie mit dem Kopf gegen die steinerne Wendeltreppe.
Mit Sorgen und Zweifeln verbrachte sie die restliche Nacht.

„Los aufwachen! Raus, raus!“ schrie ein Soldat, der die niedrige Tür aufgemacht hatte.
Minona spürte einen Stoß in die Seite, sie sprang erschrokken hoch und schlug mit dem Kopf gegen einen Treppenabsatz. Halb betäubt fiel sie zurück.
„Ihr nicht, der da“, sagte der Soldat und zog den dritten Gefangenen aus dem Loch. Die Tür wurde wieder verschlossen.
Minonas Kopf tat weh. In dem spärlichen Licht, das durch das Gitter der Tür drang, konnte sie Torger kaum erkennen. Er schlief trotz des lauten Geschreis.
Minona brauchte nicht lange zu warten, da wurde die Tür ein zweites Mal geöffnet, und eine Hand schob einen Krug und eine Schüssel herein.
„Da habt ihr was zu essen“, sagte eine Stimme.
„Lydia!“ rief Minona, sie hatte ihre Freundin sofort erkannt. „Lydia, wir sind hier gefangen! Ich bin es, Minona.“
„Mein Gott!“
Die Tür wurde weit aufgerissen, und Lydia blickte in das Kerkerloch.
„Was machst du denn hier?“ fragte sie ungläubig.

„Torger ist auch hier, er schläft, wie...“
„Was ist passiert?“ fragte Lydia und kroch ganz herein, sie zog die Tür hinter sich zu. „Los erzähl, schnell, ich muß gleich wieder zurück. Du wolltest Torger doch suchen, weil er verschwunden war! Warum seid ihr jetzt hier?“
„Wir wollten gerade aus der Stadt raus, als...“
Minona stockte. Sie schluchzte auf und heulte laut los. Lydia nahm sie in die Arme.
Da wurde Torger wach, und er war es, der Lydia erzählte, wie sie an der Baustelle gefangengenommen wurden.
„Du hast ihn erstochen?“ fragte Lydia.
Minona nickte. Sie schwiegen betreten.
„Das ist allerdings...“, meinte Lydia und beendete ihren Satz nicht.
„Wieso wird die Stadt bewacht?“ fragte Torger.
„Ich weiß es nicht“, sagte Lydia eilig. „Aber ich glaube, nicht wegen euch. Mein Vater ist plötzlich krank geworden und hat sich in der Dachkammer verkrochen. Der Befehl kam gestern abend. Niemand darf die Stadt verlassen oder herein. Warum, weiß ich nicht.“
„Kannst du uns heimlich rauslassen?“ fragte Torger.
Lydia überlegte einen Moment und schüttelte den Kopf. „Wie soll das gehen? Draußen stehen mindestens fünf Soldaten, oben im Turm sind zwei, und die Brücke ist auch bewacht. Vielleicht bei Nacht, jetzt bei Tag geht es auf keinen Fall.“
Torger mußte ihr recht geben. Um so schlimmer war das, denn wenn einer der Wächter sich erinnern würde, daß Torger auf Lebenszeit aus Dortmund verbannt war, war es um ihn geschehen. „Das sieht schlecht aus“, meinte er.
„Soll ich den Kaufherren holen?“ fragte Lydia plötzlich.
„Bloß nicht!“ rief Minona.
„Warum nicht?“ sagte Torger gleichzeitig. „Wir müssen

ihm nur eine überzeugende Geschichte erzählen. Er hat genug Einfluß, um uns..."
„Nein", sagte Minona hart. Von den Heiratsplänen ihres Adoptivvaters wußte Torger nichts, und er sollte es auch nicht erfahren.
„Wir erzählen ihm, daß der päpstliche Gesandte Dortmunds Untergang vorbereiten wollte", fuhr Torger fort.
„Er wird mich verachten. Er wird uns nicht glauben", sagte Minona, mehr zu sich selbst.
„Wieso?" meinte Lydia. „Du sagst, du wärst bei mir gewesen."
„Und Torger?"
„Ich sag, ich hätte in der Stadt meine kranken Eltern besucht", meinte Torger ernsthaft.
„Aber er weiß doch..."
„Er weiß gar nichts", sagte Torger. „Er denkt nur an seine Geschäfte."
„Ich hol ihn", sagte Lydia und kroch aus dem engen Loch. In der Tür drehte sie sich um. „Wenn ich gewußt hätte, wer hier hockt, hätt ich euch was Besseres zu essen gebracht." Krachend schlug sie die Tür zu.
„Wenn wir geschickt sind", sagte Torger, „wird er uns alles glauben und uns hier rausholen, dein lieber Herr Vater."

Später wurde die Tür aufgeriegelt, und ein Soldat rief sie heraus. Sie krochen auf allen vieren aus dem Treppenloch und standen halb geblendet in der Tür des Wachturms, wo sie Kaufherr Heymann mit gerunzelten Augenbrauen musterte.
„Du bist es tatsächlich, Minona", sagte Heymann. Seine hohe Gestalt überragte den Soldaten neben ihm um einiges, und seine hellblauen Augen blitzten.

„Wie konnte das passieren?“ fragte er gedehnt.
Ehe sie ihm antworten konnte, winkte er ab und sagte zu dem Soldaten: „Ich nehme sie beide mit. Das geht in Ordnung. Melde das deinem Hauptmann!“
Der Soldat nickte und nahm ihnen die Fesseln ab. Minona rieb sich die Handgelenke, ihre Hände kribbelten unangenehm. Sie wunderte sich. Von der Ermordung des päpstlichen Gesandten schienen sie alle noch nichts zu wissen.
Minona und Torger folgten dem Kaufherren, der mit schnellen Schritten zum Marktplatz eilte. Den ganzen Weg über hielt Torger seinen Kopf gesenkt, es durfte ihn niemand sehen und erkennen.
Erst als sie beim Haus des Kaufherren am Westenhellweg waren und auf dem Hof standen, fragte Heymann: „Was ist geschehen? Ich will alles wissen!“
„Es tut mir schrecklich leid“, sagte Minona und biß sich auf die Unterlippe. Sie blickte zum Lagerhaus, wo der Knecht Vincent ein neues Lastseil am Haken festknüpfte. Sie wußte einfach nicht, wie sie das erklären sollte. „Ich“, begann sie, „ich habe... ich hab zu lange bei Lydia gesessen und geredet und...“ Sie wollte nicht lügen, schwieg, dann sagte sie: „Vielen Dank, daß Ihr uns geholfen habt.“
„Schon gut“, sagte Heymann. Zu Torger sagte er: „Und du? Du wagst dich trotz Verbannung und Todesgefahr in die Stadt? Und die Wache hat nicht erkannt, wer du bist und wen sie da erwischt hat?“
„Nein“, sagte Torger. „Ich mußte einfach zurück nach Dortmund.“
Torger erzählte frechweg seine Geschichte von den kranken Eltern. Heymann glaubte ihm alles.
„Gut“, sagte er. „Aber warum griff euch die Wache zusammen auf?“
„Das war Zufall“, meinte Torger schnell. „Ich ging am

Neuentor lang, und Minona kam gerade von Lydia, da sind wir natürlich zusammen gegangen."

„Torger muß sich im Haus verstecken. Ich werde ihn nicht ausliefern, wie es eigentlich meine Pflicht wäre. Er kann die Stadt jetzt nicht verlassen. Auch Minona geht, wenn irgend möglich, nicht mehr auf die Straße."

„Warum wird die Stadt so streng bewacht?" fragte Torger.

„Ja", sagte Heymann, und er klang plötzlich besorgt. „Es ist der Schwarze Tod, der von Köln, von Soest, von Essen, aus allen Himmelsrichtungen auf Dortmund eindringen will. Deshalb hat der Rat die Tore schließen lasssen. So hoffen wir, der Plage..."

Der Schwarze Tod? dachte Minona erschrocken. Das war eine Seuche, die doch nur im Süden wütete. Der Schwarze Tod in der freien Reichsstadt Dortmund? Sicher, sie hatte davon gehört und geglaubt, es würde sie nichts angehen.

Kaufherr Heymann wies Torger die Kammer im Lagerhaus zu, dann brachte er Minona in sein privates Zimmer im ersten Stock, gleich neben der Hauskapelle.

„Ja", sagte er langsam zu ihr. „Der Schwarze Tod will Dortmund verschlingen."

-2-

Das Ende des Torwächters

„Aber es wird ihm nicht gelingen“, fuhr Heymann fort, nachdem er sich in seinen Scherensessel gesetzt hatte. „Mit Gottes Hilfe werden wir das Eindringen des Schwarzen Todes nach Dortmund zu verhindern wissen. Und weißt du, worauf ich meine größte Hoffnung setze?“
„Wäre es nicht besser, sofort zu fliehen?“ fragte Minona, ohne auf Heymanns Frage einzugehen.
„Wohin? Wohin willst du fliehen?“
„Zu Euren Handelspartnern. Nach Brügge, nach Lübeck oder besser noch weiter weg, nach Reval.“
„Nein“, Heymann hielt nichts von ihrem Vorschlag. „Der Stadt Dortmund und uns wird nichts passieren, denn wir haben die wunderbare Reliquie. Die wird uns retten.“
Minona sah ihn ungläubig an. Der Kaufherr meinte es wirklich ernst mit dem, was er gesagt hatte. Sie wollte schon sagen, daß die Reliquie doch gefälscht sei und... Aber er ließ sie gar nicht zu Wort kommen.
„Ich bin mir ganz sicher, ich hatte letzte Nacht einen Traum“, sagte Heymann. „Im Traum spielte die heilige Hand eine wichtige Rolle. Deshalb glaube ich, daß sie Dortmund retten wird. Die Reliquie wird ein Wunder vollbringen, und dies Wunder wird die Seuche vertreiben. Weshalb also fliehen?“ Er lächelte siegessicher. „Ich werd sofort zum päpstlichen Gesandten gehen und ihn bitten...“
Minona wurde blaß. Der Kaufherr ahnte nicht, daß die

Mörderin des Gesandten hier vor ihm saß. Sie mußte sich am Tisch festhalten, ihr wurde schwindelig.
„Und dann können wir heiraten, Minona!“ sagte Heymann und nahm ihre Hände und streichelte sie, Minona zuckte zurück.
„Bis das Wunder geschieht, wird die Stadt verschlossen bleiben, das ist das sicherste“, sagte Heymann.
Dann ließ er Minona allein, er machte sich eilig auf den Weg zum Gesandten des Papstes.
In Minonas Kopf gab es nur einen Gedanken: Flucht aus der bedrohten Stadt, fort, nur fort. Und nur Lydia konnte ihnen sagen, wie sie die Stadt verlassen konnten. Sie mußte zuerst zu Lydia.
Aber zuallererst mußte sie zu Torger, und sie ging in seine Kammer.
Torger lag auf dem Lager und starrte die niedrige Holzdecke an, durch die offene Fensterluke drang graues Tageslicht.
„Heymann ist auf dem Weg zum päpstlichen Gesandten“, sagte Minona gleich beim Eintreten. „Er hofft, daß die Reliquie die Seuche vertreibt.“
„Wenn er wüßte, daß der längst tot ist und die Reliquie falsch...“, sagte Torger nachdenklich.
„Heute nacht müssen wir fort“, sagte sie. „Ich besorge Nahrungsmittel und warme Kleider für dich, und Lydia wird uns helfen, aus der Stadt rauszukommen.“
„Willst du denn immer noch mit mir kommen?“ fragte Torger.
Ja, dachte Minona, das will ich. Ich will nicht sterben, und wenn wir bleiben, müssen wir alle sterben.
„Ich komme mit“, sagte sie leise.
Torger zog sie zu sich aufs Bett, er wollte sie küssen, aber sie drehte den Kopf zur Seite. Sie mußte an die Leiche des

Gesandten denken und den Schwarzen Tod. Für Küssen war jetzt keine Zeit.

Minona zog ihren Umhang über. Sie wollte zu Lydia, solange der Kaufherr noch nicht zurück war. Als sie über den Hof ging, kam der Pferdeknecht Martin mit den beiden Pferden aus dem Stall. Er grüßte sie freundlich, er wußte noch nichts von einer Seuche. Minona ging über den Westenhellweg bis zum Marktplatz und weiter zum Neuentor, es war noch immer verschlossen. Zwei Soldaten redeten auf die Bettler ein, die vor dem Gitter darauf warteten, endlich hereingelassen zu werden. Auch den Bauern und Händlern wurde der Einlaß verwehrt.

Minona ging zum Haus des Torwächters, dem Stadttor direkt gegenüber, sie klopfte gegen die Holztür. Nichts geschah. Erst beim zweiten Klopfen wurde die Tür einen Spaltbreit geöffnet.

„Ich bin es“, sagte Minona. „Ich möchte zu Lydia.“

„Komm rein“‘, sagte Lydia leise und legte sorgfältig den Türriegel wieder vor, nachdem Minona hereingekommen war. Sie gingen in die Küche. Von der Feuerstelle qualmte es. Der Korb, in dem der kleine Johannes schlief, stand neben der Feuerstelle. Lydias Mutter war nicht da.

„Hier erstickt man ja. Warum machst du kein Fenster auf?“ fragte Minona ihre Freundin.

„Kann ich dir vertrauen?“ fragte Lydia und blickte ihre Freundin zweifelnd an.

„Aber ich bin doch deine Freundin!“ rief Minona. „Was ist denn los, Lydia?“

„Du darfst es niemandem verraten, schwörst du mir das?“ fragte Lydia sehr ernst.

„Ja, natürlich.“ So seltsam kannte sie ihre Freundin ja gar nicht.

„Der Schwarze Tod ist in der Stadt“ sagte Lydia leise.
„Nein, noch nicht in der Stadt“, meinte Minona. „Die Tore sind doch verschlossen.“
„Er ist schon da“, sagte Lydia beschwörend. „Verstehst du denn nicht? Er ist schon längst in der Stadt, er... Du darfst es niemandem sagen. Mein Vater liegt oben auf dem Stroh. Er hat... er hat es mir gezeigt.“
„Was gezeigt?“
„Die Flecken. Da, wo der Schwarze Tod einen greift, bilden sich dunkle Flecken. Den Torwächter hat er als ersten gefaßt.“
Minona blickte zu ihrer Freundin. „Und was geschieht jetzt?“ fragte sie.
„Es darf niemand erfahren, hörst du! Mir und Johannes kann nichts passieren, aber der Mutter. Deshalb hab ich das Haus versperrt.“
In dem Augenblick hörten sie ein lautes Ächzen und Röcheln und einen dumpfen Fall auf die Bretter. Gleich darauf kam Lydias Mutter in die Küche.
„Schnell, schnell, der Vater!“ rief sie aufgeregt.
Die beiden Mädchen folgten ihr ins erste Stockwerk. Der Säugling war aufgewacht und schrie gellend, aber niemand kümmerte sich um ihn.
Torwächter Hornfeld war von den Strohsäcken auf den Boden gerollt und versuchte nun taumelnd aufzustehen. Er war splitternackt. Als er sie sah, wich er erschrocken zurück und streckte die Hände vor.
„Nicht! Nicht näher kommen!“ sagte er mit schwerer Zunge. Mühsam atmend kroch er auf sein Lager zurück und setzte sich hin.
„Wasser, bringt mir Wasser, bitte!“ flehte er stockend. „Ich verdurste.“
Frau Hornfeld ging hinunter, um einen Krug mit Wasser

zu holen, und Lydia ging zu ihrem Vater und betrachtete ihn eindringlich.
Der arme Mann, dachte Minona. Sie wußte, wie sehr Lydia ihren Vater haßte, denn er hatte ihr uneheliches Kind Johannes nie anerkannt. Ganz im Gegenteil, schon gleich nach der Geburt hatte er es aus dem Haus schaffen und verkaufen wollen.
Jetzt tat er Lydia leid. Sie kniete sich hin.
Erschrocken kroch der Vater bis an die Wand.
„Nicht näher kommen, Lydia", sagte er leise.
„Mir kann der Schwarze Tod nichts anhaben", sagte Lydia ruhig. „Ich und Johannes, wir sind gefeit."
Frau Hornfeld kam mit dem Wasser.
„Es tut mir leid", sagte der Torwächter. „Alles tut mir leid, es war alles vergebens."
„Was war vergebens?" fragte Lydia.
„Ich... ich bin...", aber weiter kam der Torwächter nicht. Plötzlich schrie er einmal laut, streckte sich und fiel quer über das Strohlager. Dann starb er.
Minona zitterte vor Schreck. Auch Lydia hockte fassungslos vor ihrem Vater und starrte ihn an. Sie konnten noch nicht gleich begreifen, was mit dem Kranken geschehen war. Die Mutter kam langsam näher und beugte sich über ihn.
„Er ist tot", sagte sie leise und bekreuzigte sich. Sie wollte ihn anfassen, aber ihre Hand hielt in der Bewegung inne. Dann nahm sie eine Decke und legte sie über den Leichnam.
„Wir müssen einen Mönch holen, einen...", sagte sie undeutlich und schüttelte immer wieder den Kopf. Lydia stand auf und zog ihre Mutter aus der Kammer bis in die Küche, wo Johannes noch immer laut schrie. Lydia nahm ihren Sohn und ging, ihn auf den Armen wiegend, auf und

ab. Allmählich beruhigte er sich. Dann lachte er plötzlich vergnügt und griff Lydia in die Haare.
„Wir dürfen jetzt keinen Fehler machen", sagte Lydia.
„Aber warum? Was meinst du? Er muß begraben werden!" sagte Lydias Mutter.
„Ich hab es von einem Händler gehört", sagte Lydia. „Wen der Schwarze Tod packt, den läßt er nicht mehr los. Und seine Angehörigen werden ausgesperrt und gemieden, auch wenn sie gesund sind. Versteht ihr das denn nicht? Sie werden uns einsperren, ob wir krank sind oder nicht. Wenn nur einer erfährt, woran der Vater gestorben ist, ist es mit uns vorbei."
„Aber er muß doch begraben werden", sagte die Mutter.
Lydia fuhr sie grob an: „Begraben, begraben! Ins Paradies kommt er sowieso nicht! Er muß aus dem Haus."
„Wie redest du von deinem Vater!" schrie Frau Hornfeld.
„Ach was, Vater!" sagte Lydia. „Wenn es nach ihm gegangen wäre, wär Johannes längst nicht mehr am Leben. Ersäufen wollte er ihn. Und dann sagt er, es täte ihm leid. Das kann ich nicht glauben..." Sie schniefte und wischte sich kurz über die Augen.
„Ach was!" sagte sie dann und fragte Minona: „Kannst du mir helfen? Komm mit vors Haus."
Und zur Mutter sagte sie: „Wir gehen raus, laß alles so, wie es ist. Beruhige dich doch!"
Dann ging sie mit Minona hinaus und ums Haus herum, wo sie von niemandem gesehen werden konnten.
„Wir müssen ihn heimlich begraben. Heute nacht schaffen wir ihn fort. Und der Mutter sagen wir, daß ein Mönch ihn beerdigt hat, sonst wird sie nie einwilligen und ein Mordsgeschrei machen."
„Wie willst du ihn fortbringen? Und wohin?"
„Mir wird schon was einfallen. Torger muß uns auch helfen."

„Aber du kannst ihn doch nicht einfach... in den Stadtgraben werfen“, sagte Minona und erschrak selbst bei dieser Vorstellung.
„Natürlich nicht, vielleicht bei einem Gebüsch...“, sagte Lydia. „Ich muß zur Mutter und sie beruhigen. Bis heute abend.“
Sie kehrte ins Haus zurück. Minona stand ganz benommen da. Jetzt erst fiel ihr ein, weshalb sie eigentlich gekommen war. Aber sie konnte ihre Freundin nicht im Stich lassen. Fliehen mußten sie, nachdem sie den Torwächter begraben hatten. Was hatte Lydia mit dem Gebüsch gemeint? Minona wollte sich das nicht näher ausmalen.

Als sie auf dem Rückweg am Brunnen des Marktplatzes vorbei kam, hörte sie zwei Frauen zu, die dort Wasser schöpften.
„Ich glaube, die Stadt wird vom Markgrafen angegriffen“, sagte die eine.
„Nein, nein“, meinte die andere beruhigend. „Das hat alles seine Ordnung. Du weißt, wie genau es die hohen Herren nehmen.“
„Aber warum lassen sie dann nicht einmal die Bettler in die Stadt? Und die Bauern und...“
„Was meinst du?“ wurde Minona gefragt.
„Ich?“ Minona war verwirrt. „Ich weiß nicht.“
Minona fiel jetzt eine Gruppe von Steinmetzen auf, die vor der Rathausbaustelle heftig miteinander stritten. Ein Ratsherr stand unter ihnen und versuchte, die Leute zu beruhigen.
Minona lief zum Hellweg. Dort herrschte trotz der geschlossenen Stadttore viel Betrieb, und überall standen Menschen in Gruppen zusammen und redeten aufgebracht

miteinander. Anscheinend wußte noch niemand, weshalb die Stadttore geschlossen waren. Als sie zur Ecke bei der Judengasse kam und gerade über eine große Pfütze springen wollte, blieb sie wie vom Donner gerührt stehen.
Da kam er die Gasse herunter. Genau auf sie zu. Das konnte nicht sein. Das mußte ein Geist sein, eine teuflische Erscheinung.
Minona wurde blaß, sie hielt sich die Hand vor den Mund und konnte sich nicht abwenden.
Er ging mit langen Schritten, sein pelzbesetzter Umhang schwang um die Beine. Vor ihm schritt ein Diener mit einer Hellebarde und machte ihm Platz.
„Weg da, zur Seite!“ Der Diener schob eine Frau mit einer Kiepe gegen die Hauswand. Sie kamen genau auf Minona zu.
Als sie auf ihrer Höhe waren, spuckte der Diener vor Minonas Füßen aus. Sie gingen so nah an ihr vorbei, daß Minona den Hochstapler hätte anfassen können. Sie sah, daß er leicht humpelte.
Das war er, der päpstliche Gesandte aus Avignon. Den sie mit einem vergifteten Dolch umgebracht hatte.
Sie blickte ihm nach.
Und schlagartig wurde ihr klar, daß der Gesandte lebte. Sie hatte ihn nicht umgebracht. Vielleicht hatte das Gift nicht mehr gewirkt, vielleicht... Aber dann war sie keine Mörderin und brauchte nicht zu fliehen. Der päpstliche Gesandte und sein Diener verschwanden in der Menschenmenge.
Doch dann ist Torger in großer Gefahr, denn der Gesandte läßt ihn sicherlich überall suchen, dachte Minona. Und sie rannte los. So schnell sie konnte nach Hause.
Im Hof achtete sie nicht auf die Köchin Waltraut, die ihr etwas zurief, sie stürzte ins Verkaufsgebäude, sprang die

schmale Treppe zum Dach hinauf und riß die Tür zu Torgers Kammer auf.

„Er lebt!" rief sie. „Ich hab ihn nicht getötet. Er lebt, ich hab ihn gerade gesehen."

Torger setzte sich erstaunt auf.

„Wer lebt?" fragte er.

„Der päpstliche Gesandte, dein angeblicher Vater, dieser Hochstapler, dieser..."

„Er lebt?" wiederholte Torger erstaunt.

Minona erzählte genau, wem sie eben begegnet war. Torger hörte ihr gespannt zu. Nachdem sie fertig war, setzte sie sich neben ihn. Sie sagte nachdenklich: „Weißt du, ich bin froh, daß ich ihn nicht getötet habe."

Torger erwiderte nichts, er schwieg, war ganz in Gedanken versunken. Minona sah ihn gespannt an.

„Er darf dich nicht finden", sagte sie. „Heute nacht fliehen wir. Wir müssen nur vorher Lydia helfen. Dich darf niemand sehen, er sucht dich sicher schon. Am besten sperrst du die Kammer zu, und ich sage dem Pferdeknecht, er soll keine Fremden auf den Hof lassen."

Minona drückte ihm zärtlich einen Kuß ins Haar, stand schnell auf und verließ die Kammer, ehe er irgend etwas erwidern konnte.

-3-

Der Leichnam auf der Bahre

Nachmittags ging Minona heimlich in den Vorratskeller. Jetzt, im Frühling, waren die Vorräte schon sehr geschrumpft. Aber sie fand noch einen Beutel mit Trockenfrüchten und ein Stück Pökelfleisch. Das verbarg sie unter ihrem Hemd. Niemand begegnete ihr, als sie über den Hof ins Haus ging. Gerade wollte sie die Treppe hinaufsteigen, da kam ihr Frau Jopping entgegen. Frau Jopping lebte im Haus des Kaufherren und half in der Wirtschaft. Seit ihre jüngste Tochter Giselheid mit einem Spielmann auf und davon gegangen und ihr Mann bei einem Unfall ums Leben gekommen war, waren ihre Haare in kürzester Zeit grau geworden, und sie sprach kaum mehr mit jemandem. Sie war innerlich verstummt. Minona grüßte sie freundlich, doch Frau Jopping ging wortlos an ihr vorüber.

Kaum war Minona in ihrer Kammer, da klopfte es, und Torger kam herein.

„Torger", sagte Minona erstaunt.

„Ich muß mit dir reden", sagte er.

Er ging zur Luke und blickte hinunter auf den Hellweg, dann drehte er sich ihr zu.

„Ich habe nachgedacht", sagte er leise. „Ich hab geglaubt, wenn der Hochstapler tot ist, müßten wir fliehen. Er ist aber nicht tot, sagst du..."

Minona stellte sich neben ihn und nahm seine Hand. Seine Hände waren vernarbt, als habe jemand mit einem Messer kreuz und quer darübergeschnitten. Zuerst hatten ihr diese vernarbten Hände angst gemacht. Jetzt taten ihr die Narben weh, als wären es ihre eigenen. Torger hatte gesagt, er hätte die Narben von einer Krankheit in seiner Kindheit. Aber Minona wollte ihm das nicht so recht glauben. In Torgers Vergangenheit gab es noch mehr so unklare Punkte. Einmal hatte er sogar behauptet, der päpstliche Gesandte wäre sein Vater.

„Seit ich denken kann, habe ich mit ihm zusammen gelebt", fuhr Torger fort. „Früher war ich sein Vertrauter. Er hat mir alles anvertraut und ich... Jetzt hält er mich für einen Verräter und will mich umbringen. Verstehst du?"

Er machte eine Pause.

„Ich will nicht einfach vor ihm davonlaufen. Das ist wie ein Kampf."

„Aber er will dich töten!"

„Das wird ihm nicht gelingen. Ich weiß, daß er der Stadt Dortmund eine gefälschte Reliquie verkaufen will. Ich weiß, daß er ein Hochstapler und Betrüger ist. Und ich weiß, wie geschickt er die Stadtväter und -herren von seiner Redlichkeit überzeugt hat."

„Niemand wird dir glauben, wenn du..."

„Wenn ich in meinen Lumpen daherkomme und behaupte, der päpstliche Gesandte ist ein Betrüger, wird mir niemand glauben, da gebe ich dir recht. Aber noch ist die Reliquie nicht an die Stadt übergeben. Der Gesandte wartet auf die Expertise aus Köln. Wenn ich den Boten mit der gefälschten Expertise abfange und wenn ich herausfinde, wie er..."

„Er ist stärker als du", sagte Minona.

Torger schüttelte heftig den Kopf und sagte: „Und für dich ist es besser, wenn du nicht mit mir fliehen mußt, nicht so..."

Er ahnt nicht, daß ich Heymanns Frau werden soll, dachte Minona und drückte seine Hand fester. Laut sagte sie: „Wir müssen heute abend zu Lydia. Ich hab ihr versprochen, daß wir ihr bei einer Sache helfen. Und für die Flucht habe ich alles vorbereitet. Überleg es dir. Bitte! Wir treffen uns bei Einbruch der Dunkelheit im Garten beim alten Ahorn."
Torger zuckte mit den Schultern und verließ sie.
Minona blickte auf den Hellweg hinunter.
Ohne Torger aus der Stadt zu fliehen, dazu hatte sie nicht den Mut.

Mild war die Luft an diesem Frühlingsabend. Minona verließ unbemerkt das Haus. Die Köchin Waltraut und Frau Jopping, die in der Küche arbeiteten, sahen sie nicht, als sie geduckt unter dem Fenster vorbeischlich.
Sie ging zum Ahorn hinter den Obstbäumen und setzte sich auf eine Wurzel. Torger ließ nicht lange auf sich warten. Sie gingen den Wiesenpfad zum Dominikanerkloster hinüber, kamen an der Nikolaikirche vorbei, und als sie an der Stadtmauer entlang zum Neuentor liefen, versuchten sie, sich möglichst unauffällig zu bewegen. Sie wurden von niemandem aufgehalten. Unterwegs erklärte Minona, wobei sie Lydia helfen sollten. Das war ganz nach Torgers Geschmack. Er pfiff durch die Zähne und lachte.
Als sie vor Hornfelds Haus standen, klopfte Minona gegen die Haustür. Die Tür wurde ein wenig geöffnet, und Lydia flüsterte: „Geht hinter das Haus in den Schuppen, ich habe alles vorbereitet."
Sie liefen ums Haus, die Schuppentür war angelehnt. Im dunklen Schuppen konnten sie zuerst nichts erkennen. Aber gleich darauf kam Lydia, sie brachte eine Blendlaterne mit.

„Gut, daß ihr kommt. Die Mutter ist rein verrückt", sagte sie. „Da liegt er."
Sie klappte die Laterne etwas auf, ein schmales Licht fiel vor Minonas Füße und beleuchtete zwei Schritt entfernt das eingefallene Gesicht des Torwächters.
„Ich hab ihr versprochen, ihn richtig zu begraben", sagte Lydia und betrachtete ihren toten Vater. „Ich weiß nur nicht, wie wir das machen sollen."
„Vielleicht kann Katharina von Ares sein Grab segnen", sagte Minona. „Bevor man sie aus dem Kloster geworfen hat, war sie wie eine richtige Nonne. Sie wird das sicher tun. Außerdem wohnt sie jetzt in dem Gartenhäuschen, da könnte man gut..." Minona schwieg. Lydia nickte, sie hatte schon verstanden, sie sagte: „Ja, das wird genügen."
„Aber das ist quer durch die ganze Stadt", meinte Torger. „Wie sollen wir ihn da hinbringen?"
„Wir nehmen den Backtrog dort", sagte Lydia und drehte den Lichtschein in die andere Ecke, wo ein Holztrog umgekehrt auf dem Boden lag, es war eine hölzerne Wanne. Torger prüfte den Trog und meinte: „Der ist viel zu schwer. Wir knüpfen lieber aus den Stangen und Säcken eine Bahre."
„Gut", stimmte Lydia sofort zu und legte zwei Stangen auf den Boden. Minona half ihr, die Säcke daran festzubinden. Dann rollten sie den Leichnam auf die Bahre und deckten ihn mit einer Pferdedecke zu.
Gerade wollten sie die Stangen anheben, da wurde die Schuppentür aufgerissen und Frau Hornfeld stand mit einer flackernden Kerze da.
„Wo ist er, Lydia!" rief sie lauthals.
Lydia ging zu ihr und hielt ihr einfach den Mund zu, dann zog sie sie herein und schloß die Tür.
„Psst!" sagte sie. „Minona kennt eine weise Nonne, die

wird sein Grab richtig segnen und ihn begraben und auch auf einem wirklich schönen Friedhof, ganz nah bei Reinoldi..."

„Es ist eine Sünde!" jammerte Frau Hornfeld und kniete sich zu dem Toten. Torger zog sie wieder hoch.

„Er ist ja schon fast im Paradies", meinte er ganz trocken.

„Du mußt ins Haus", sagte Lydia und schob ihre Mutter zur Tür. „Du mußt auf Johannes aufpassen."

Sie brachte sie ins Haus.

Dann verließen sie den Schuppen. Torger trug die Bahre an der einen Seite, Lydia und Minona an der anderen. Es war eine wacklige Angelegenheit, sie mußten sehr aufpassen, daß der Tote nicht herunterfiel. Die Laterne hatte Lydia am Gürtel hängen.

Katharina von Ares, zu der sie nun mit ihrer seltsamen Last wollten, hatte als Kirchenlehrerin im Katharinenkloster gelebt. Minona hatte sie manchmal besucht. Dann war die alte Frau wegen ihrer angeblich ketzerischen Lehren aus dem Kloster geworfen worden und lebte seitdem in einem Gartenhäuschen, das ihr ein Handwerker zur Verfügung gestellt hatte. Dorthin wollten sie den Toten bringen.

„Sie kann uns bestimmt helfen", sagte Minona, mehr, um sich selbst Mut zu machen. Hoffentlich liefen sie keiner Wache über den Weg. Und hoffentlich hielt die Bahre.

Es war ein weiter Weg. Daß sich hinter ihnen ein Schatten von der Erde löste, als habe er dort gelauert, und ihnen heimlich folgte, merkten sie nicht.

Gerade wollten sie an der Baustelle zum neuen Wachturm eine Abkürzung durch die Felder nehmen, als sie zwei Fackelträger auf sich zukommen sahen.

„Schnell weg!" warnte Torger.

Sie bogen ab, allzu schnell konnten sie sich mit der schweren Bahre nicht bewegen.

Minona schmerzten schon die Unterarme, sie mußte unbedingt einmal pausieren. Torger stoppte, sie drückten sich ganz eng an einen Busch, lauschten und warteten gespannt. Die Fackelträger folgten ihnen nicht.

Erleichtert gingen sie weiter. Sie kamen bis zur Baustelle der Marienkirche und brauchten nur noch den Hellweg zu überqueren, hinter der Reinoldikirche hatten sie es geschafft.

Auf dem Hellweg waren noch viele Menschen mit Fackeln oder Laternen unterwegs, und eine Pilgergruppe stand vor einer Schenke, es wurde laut und aufgeregt gesprochen. Es ging immer wieder um die geschlossenen Stadttore.

„Wir müssen ganz selbstverständlich tun“, sagte Torger.

Minonas Herz klopfte heftig. Sie gingen mit der Bahre auf den Hellweg, die Leute achteten gar nicht auf sie. Ein junger Knappe in feinen Kleidern kreuzte ihren Weg und stieß gegen die Bahre. Torger sagte nur: „Hoppla!“ und lachte ihn an. Auf der andren Seite bogen sie zum Kuckelketor ab. Minona atmete auf.

Genau da wurden sie von zwei Stadtwächtern gestoppt. Die pflanzten sich mit gekreuzten Hellebarden vor ihnen auf. „Halt! Was schleppt ihr da?“ fragte der eine Wächter.

Der andere schwankte unsicher. Minona merkte gleich, daß sie beide sehr betrunken waren. Der Wächter zog die Decke zur Seite, der Kopf des Toten wurde sichtbar. Der Betrunkene schrie unwillkürlich auf und machte einen Schritt rückwärts.

„Der da, der da“, stotterte er.

„Was ist das?“ fragte der erste Wächter, bemüht, streng zu sein.

„Mein Vater“, sagte Lydia wahrheitsgemäß.

„Der hat auch zuviel getrunken“, sagte Minona schnell.

„Wer hat hier zuviel getrunken?“ fragte der zweite Wäch-

ter. „Willst du behaupten, wir hätten im Dienst zuviel getrunken?"
„Nein, nein! Sie meint nur den da auf der Bahre, den Vater", sagte Torger. „Jetzt schläft er seinen Rausch aus, und wir dürfen ihn nach Haus bringen."
„Der schläft?" fragte der erste Wächter.
„Ach was!" meinte der zweite. „Der ist doch mausetot."
„Du kannst das gar nicht beurteilen", meinte der andere. „Ich bin der Hauptmann, und ich sage: Der schläft seelenruhig."
„Wenn der schläft, dann bin ich König Salomo der Erste, was!" meinte der Betrunkene und klopfte Minona freundlich auf die Schulter.
„Weiter!" befahl der erste Soldat und deckte den Toten einfach zu.
Schnell hoben sie die Bahre an und ließen die betrunkenen Wächter sich weiter streiten.
Endlich kamen sie zu dem verwilderten Garten, der gleich hinter dem Reinoldifriedhof lag. Sie hatten es geschafft. Minona zeigte ihnen das Gartenhäuschen.
„Hoffentlich gibt es dort eine Schippe", sagte Torger. „Wie sollen wir sonst eine Grube ausheben?"
Daran hatte keiner von ihnen bisher gedacht.
Das Häuschen war ganz dunkel und unbewohnt. Und als sie hineingingen, war niemand da.
Katharina von Ares wohnte offensichtlich nicht mehr hier.
„Und jetzt?" fragte Lydia erschöpft.
Minona taten die Arme weh. Sie wußte nicht weiter.
Aber Torger hatte eine Idee. „Am Reinoldifriedhof gibt es den Teich und...", sagte er langsam. „Es ist ja fast wie geweihte Erde, so nah bei Reinoldi."
Lydia sah ihn mit großen Augen an.
„Du meinst...", fragte sie.

„In den Teich!“ rief Minona.
Torger nickte.
Und so machten sie es dann, denn sie konnten die Bahre ja nicht noch einmal quer durch die Stadt schleppen. Sie hoben sie an und gingen zum Teich. Er lag verlassen und düster hinter der Friedhofsmauer.
Sie steckten den Leichnam in die Säcke, Torger stopfte zwei schwere Steine dazu, dann verschnürten sie alles mit den Stricken. Sie trugen ihn zum Ufer und ließen ihn ins Wasser gleiten. Es klatschte laut, der Sack versank, und ein vielstimmiges Froschgequake erhob sich plötzlich.
Die drei liefen schnell bis zur Friedhofsmauer. Nur Torger blickte sich noch einmal um. Kleine Wellen schwappten ans Ufer, verebbten.
Bei ihrem heimlichen Tun hatte sie ihr Verfolger genau beobachtet. Sie kamen ganz nah an ihm vorbei, doch auch jetzt bemerkte keiner die Gestalt, die hinter einem Baum stand.
Schweigend gingen sie bis zum Richthaus, dort trennten sich Minona und Torger von Lydia, und genauso schweigend gingen die beiden weiter zum Haus des Kaufherren.
„Und was ist mit unserer Flucht?“ fragte Minona, als sie auf dem Hof standen.
„Ich fliehe nicht“, sagte Torger. „Ich kann nicht. Ich muß ihn stellen, ich kann nicht vor ihm davonlaufen. Später vielleicht...“
„Dann ist es zu spät.“
„Laß mich!“ sagte Torger und kletterte die Leiter zum Heuboden über den Pferdeställen hinauf. Dort wollte er schlafen, denn ins Verkaufshaus kam er um diese Stunde nicht mehr.
Er ließ sie einfach stehen.

Am nächsten Vormittag ging Minona in die Stadt, obwohl

Heymann es ihr nicht erlaubt hatte. Sie fühlte sich beunruhigt und wollte herausfinden, ob die Dortmunder schon wußten, weshalb man die Tore verschlossen hatte.

Auf dem Marktplatz herrschte großer Betrieb, und am Brunnen standen die Menschen dicht gedrängt. Minona trat näher heran.

„Die Fremden sind es“, sagte ein Mann laut.

„Nein, nein, die Heiden sind es!“ schrie eine Frau schrill.

Minona stellte sich auf Zehenspitzen. Der Brunnen wurde von einem Ring von Stadtsoldaten bewacht, zwei Ratsherren schöpften Wasser in ein Gefäß und rochen daran.

„Was machen sie?“ fragte Minona einen Schmied, der neben ihr stand.

„Sie untersuchen das Wasser“, erklärte er. „Es wird behauptet, Heiden hätten das Wasser vergiftet, Judenvolk. Aber ich glaube das nicht. Das schadet nur dem Handel und Handwerk, das ist meine Meinung.“

„Warum vergiftet?“ fragte Minona.

„Ja, warum soll ein Mensch so was tun? Sein eigenes Trinkwasser vergiften?“ erwiderte der Mann mürrisch.

„Sie schmieren die Hauswände ein, so findet der Schwarze Tod seine Opfer“, flüsterte eine Frau Minona ins Ohr.

Minona ging schnell fort.

Also wußten die Dortmunder schon, wer in der Stadt war. Dann hatten die verschlossenen Tore gar nichts genützt.

- 4 -

Die Stimme aus dem Baum

Kaufherr Heymann stand breitbeinig vor der weit geöffneten Tür seines Lagerhauses, sein knielanger Rock war aus feingewebtem Stoff, und an den Füßen trug er Schuhe aus weichem Ziegenleder.

Minona beobachtete ihn heimlich von der Küchentür aus. Der Kaufherr überwachte das Beladen eines Frachtwagens. Fuhrmann Narrenbaum half dem Knecht, die schweren Säcke auf den Wagen zu heben.

Minona überlegte, warum Torger nun nicht mehr fliehen wollte, sie verstand ihn nicht.

Da hatte Heymann sie gesehen und kam mit großen Schritten über den Hof, er begrüßte sie sehr freundlich.

„Man muß die Geschäfte weiterführen, als wenn nichts wäre“, sagte er. „Aber was mach ich jetzt damit? Eigentlich sollte die Ware heute noch auf den Weg. Da die Stadttore verschlossen sind und ich auch keine Ausnahme machen möchte, weiß ich es nicht. Hoffentlich dauert es nicht lange, bis der ganze Spuk vorüber ist. Jede Unordnung ist schlecht für den Handel, und jeder Tag, den die Tore verschlossen bleiben, bringt mir großen Verlust. Zum Glück sehen das die Gildemitglieder genauso. Die Tore werden keine Stunde länger geschlossen bleiben als unbedingt nötig.“

Dann bat er den Knecht, den beladenen Wagen in den offenen Schuppen zu fahren, dessen halbes Dach beim letzten Sturm abgerissen worden war und das noch nicht repariert war.

„Und was mach ich mit diesem Torger?“ fragte Heymann Minona.
Minona wurde rot vor Schreck.
„Ich hätte ihn längst anzeigen müssen und mache mich eigentlich strafbar.“
„Er kann doch die Stadt nicht verlassen“, sagte Minona.
„Sobald die Tore wieder geöffnet sind, soll er verschwinden. Solange soll er in seiner Kammer bleiben und sich nur nirgends zeigen. Sag ihm das bitte. Du kannst ihm etwas zu essen und zu trinken bringen.“
Heymann ging in sein Arbeitszimmer, und Minona trat in die Küche.
„Sag mir eins, Minona“, begann die Köchin, die mit hochgekrempelten Ärmeln Brotteig knetete. „Wie kommt es, daß jemand, der eigentlich nicht in der Stadt sein dürfte, sich bei verschlossenen Stadttoren in der Stadt aufhält und sogar noch im Haus eines angesehenen Kaufherren, der als Vertreter der Obrigkeit ihn längst hätte anzeigen müssen? Wie kann das sein?“ Die Köchin lachte auf. „Wenn Heymann meint, er könnte das vor seiner Köchin geheimhalten, dann hat er sich aber getäuscht.“
„Du meinst Torger, nicht?“ sagte Minona.
„Wen denn sonst!“ rief Waltraut und klatschte die Faust in den Teig. „Aber ich schweig still. Nur wissen würde ich gerne, ob Heymann mit seinem guten Herzen da nicht einen Fehler macht?“
„Wieso?“
„Ich hab ja Augen im Kopf. Und der Kaufherr möchte doch seine schöne Adoptivtochter heiraten, nicht? Und Torger ist zwar keine Schönheit, und reich ist er auch nicht, aber so manches Mädchenherz läßt sich allzuleicht verführen, wenn...“
„Halt deinen Mund!“ sagte Minona ärgerlich. „Ich soll

ihm was zu essen bringen. In Heymanns Auftrag. Alles andere geht dich nichts an."

Sie holte sich Brot und einen Krug mit Milch, damit ging sie hinüber zum Verkaufsgebäude und stieg die schmale Treppe zum Boden hinauf, wo Torgers Kammer war. Sie wollte klopfen, doch Torger hatte ihre Schritte auf der Stiege gehört und hielt die Tür auf.

„Was wollte Heymann von dir?" fragte er hastig. „Will er mich jetzt ausliefern?"

Minona konnte ihn beruhigen und gab ihm das Brot und die Milch. Während Torger aß, erklärte er ihr seinen Plan.

„Ich weiß jetzt, wie ich ihn kriege. Ich muß mich verkleiden und versuchen, in sein Haus zu kommen. Irgendeinen richtigen Beweis für seinen Betrug an der Stadt Dortmund werde ich dort finden. Und dann..." Er sprach hastig, wie im Fieber.

„Das ist gefährlich", meinte Minona. „Wenn er dich entdeckt, ist es um dich geschehen."

„Er entdeckt mich nicht. Und viel Zeit hab ich auch nicht, denn wenn er erfährt, daß eine Seuche in der Stadt herrscht, haut er ab. Ich kenne ihn, er hat schreckliche Angst vor allem, was mit Krankheit und Tod zu tun hat, und alles, was häßlich ist, verachtet er. Ich verkleide mich als alter Mann. Du mußt mir Holzkohle aus der Feuerstelle holen und einen alten Rock, einen Haselnußstock und noch ein Stück harte Käserinde. Bitte! Und schnell!"

„Und was ist mit..."

„Du meinst mit der Seuche? Ich weiß ein unfehlbares Mittel dagegen: Man trinke jeden Tag einen Becher mit in Wein aufgelöstem Honig und gurgele öfter mit Himbeeressig, und nichts kann dir mehr passieren."

Minona sah ihn schweigend an. Da hatte er sich jetzt ein Rezept ausgedacht und glaubte, damit wäre es gut. Aber so einfach war es nicht.

Sie zuckte mit den Schultern und ging zurück in die Küche. Waltraut war mit dem Brotteig fertig und wollte gerade in den Gemüsegarten gehen, so hatte Minona die Küche für sich. Sie nahm ein Stück Holzkohle und wickelte sie in einen Lappen. Am Schuppen, wußte sie, stand ein Stock. Den holte sie, nachdem sie aus der Kleiderkiste einen löcherigen braunen Rock genommen hatte. Und aus dem Vorratskeller holte sie ein Stück Käserinde. Das alles brachte sie zu Torger.

„Da", sagte sie und warf ihm die Sachen aufs Bett. „Was willst du mit dem Käse?"

„Wart es ab", sagte Torger.

Nun verkleidete er sich. Besondere Sorgfalt legte er auf das Schminken mit der Kohle. Als Spiegel diente ihm ein glänzendes Stück Metall.

Zu allerletzt schnitt er einen Halbbogen aus der Käserinde, den er sich unter die Oberlippe schob, beugte den Rücken, griff sich den Stock und ging mit wackligen Schritten herum. Torger war ein alter Mann.

„Ich komme mit", sagte Minona da.

„Gut", sagte Torger nur. „Du brauchst dir bloß einen Umhang überzulegen und das Gesicht zu schwärzen, das genügt", meinte Torger.

Hoffentlich, dachte Minona.

Ein alter Mann ging, auf einen Stock gestützt, hinter dem Dominikanerkloster entlang. Neben ihm ging seine Tochter. Sie sahen aus wie Bettler oder Pilgersleute von weit her, die Tochter trug eine richtige Muschelkette.

Als sie an der Marienkirche vorbeikamen, blieben sie stehen und bekreuzigten sich.

„Die Idee mit der Muschelkette war gut", sagte Torger leise zu ihr.

Minona mußte unwillkürlich lachen, wenn sie Torger ansah. Mit dem Käsestück im Mund sah er fast wie ein Esel aus.
An der Ecke zur Grutstraße kamen sie an der alten Linde vorbei. Das war ein stattlicher Baum mit dicken Wurzeln und einem doppelten Stamm. Minona sah auf einer der Wurzeln eine junge Nonne sitzen.
Sie blieb stehen. Sie kannte die junge Nonne gut. Sie lebte seit einiger Zeit in Dortmund und weissagte den Leuten. Ihr hatte sie auch schon geweissagt. Aber die junge Nonne erkannte sie nicht in der Verkleidung.
Sie gingen weiter und bogen zum Gästehaus des Kaufherren und Stadtrates Gerons ab, in dem der päpstliche Gesandte wohnte. Kaufherr Geron war ein Gildebruder vom Kaufherrn Heymann.
Das Haus lag ganz am Ende der engen Gasse an einem Platz, der wenig belebt war. Heute aber war einiges los. Ein Gänsehirt hatte seine kleine Herde auf eine Wiese am Ende der Gasse getrieben, und Kinder spielten hier mit einer aufgeblasenen Schweinsblase. Ein Messerschleifer drehte seinen Stein und sang ein eintöniges Lied. Drei Dienstmägde hatten ihre Waschtröge aus einer Hofeinfahrt geholt und wrangen Wäsche aus.
„Bei den vielen Leuten fallen wir gar nicht auf", sagte Torger.
Sie gingen zum Gästehaus, einem alten Steinhaus. Die Fensterläden waren geschlossen, das Eisentor zur Gasse auch. Sie schlichen unauffällig die Mauer entlang.
Die Luke zum Kellereingang an der Seite war versperrt, man hatte einen alten Pferdewagen davorgeschoben.
Sie schlichen weiter, durch die dichten Büsche des Gartens, wo sie ungesehen bis ans Haus kamen.
Aber sie fanden keinen Weg hinein.

Gerade wollten sie zur Mauer zurückschleichen, als sie Stimmen hörten. Ein Fensterladen wurde aufgestoßen, und Minona konnte kurz den Kopf des päpstlichen Gesandten sehen. Eine Frauenstimme sagte etwas, Minona hatte die Stimme schon mal gehört, aber ihr fiel nicht ein, zu wem die Stimme gehörte.
Der päpstliche Gesandte lachte wohlgefällig. Dann wurde der Fensterladen wieder geschlossen.
„Ich werde so lange hierbleiben, bis ich einen Weg hinein gefunden habe, eine Tür werde ich noch aufkriegen", sagte Torger leise. „Und wenn er herauskommt, häng ich mich wie eine Klette an ihn. Er darf mir nicht entkommen. Und du gehst am besten nach Hause und beruhigst Heymann. Falls er merkt, daß ich nicht da bin, erzählst du ihm, ich sei bei meinen Eltern."
Minona wollte etwas einwenden, doch Torger winkte ab.
„Geh", sagte er, und es klang sehr barsch. „Du mußt mich verstehen. Sobald ich das erledigt habe, gehen wir zusammen weg."
Minona drehte sich um und ging sehr schnell fort. Sie wollte das nicht mehr hören.
Was war mit ihm geschehen? Seit er wußte, daß der päpstliche Gesandte am Leben war, hatte er sich verändert. Und er behandelte sie, als wäre sie seine Dienstmagd. Sie durfte gerade mal seine Befehle ausführen.
Tränen rannen ihr übers Gesicht, sie wischte sie mit dem Tuch ab, verschmierte die Kohle damit, sie mußte schrecklich aussehen. Auch die Muschelkette nahm sie ab, die Verkleidung brauchte sie nun nicht mehr.
Sie ging noch mal an der Linde vorbei. Die junge Nonne streckte ihr den Arm entgegen und rief: „Dich kenne ich doch. Bist du nicht Heymanns Tochter? Verliebt, verlobt und verheiratet?"

Sie lachte hell und beugte sich von ihrer Baumwurzel zu Minona.
„Siehst du diesen Baum?“ fragte sie mit beschwörender Stimme.
Minona nickte.
„Früher“, sagte die Nonne, „früher bin ich herumgerannt wie du jetzt, hin und her. Auf den Straßen und Wegen, die Flüsse entlang. Am Rhein bin ich geboren... Aber ich sage dir, es hat keinen Sinn. Wir gehen und gehen und kommen keinen Schritt weiter.“
Sie nickte nachdenklich, dann meinte sie grinsend: „Auch du nicht. Auch dein Geliebter nicht. Aber ich will weiter, höher hinaus. Und dieser Baum sagt mir: Hier bleib einfach stehen. Für immer und ewig. Und das tue ich. Auch der Schwarze Tod kann mich nicht daran hindern.“
„Woher weißt du vom Schwarzen Tod?“
„Ich hab ihn gesehen“, sagte die Nonne. „Es geht aufwärts!“
Sie zeigte mit dem Finger zum Himmel und lachte. Ihr Lachen klang richtig vergnügt.
Minona folgte dem Finger und blickte in die lichte Blätterkrone der Linde.
Dann drückte sie der Nonne die Hand und lief weiter. Doch als sie schon fast bei Heymanns Haus war, sah sie einen Bettler an einer Krücke. Eben noch streckte er seine Hand einem Mönch hin, der gab ihm etwas, und plötzlich fiel der Bettler einfach um und schlug auf die Straße wie ein gefällter Baum. Ein Blutschwall sprudelte aus seinem Mund. Aufgeregte Menschen blieben um ihn stehen und sahen mit an, wie der Bettler auf offener Straße starb.
„Es trifft zuerst die Armen“, sagte ein Mann laut.
Die Leute murrten; ein Stadtsoldat schob den Toten zur Seite, wo ihn später ein Totengräber abholen würde.

„Und ich sage euch, es ist doch der Schwarze Tod. Er ist in der Stadt!" schrie eine alte Frau. Aber da wurde sie von dem Soldaten am Arm gepackt und weggezogen. Minona hörte, wie der Soldat sie anschimpfte: „Halt dein Maul, nichts wird hier geschrien, verstanden!"
Minona rannte, so schnell sie konnte, nach Hause. Erst in der Küche holte sie tief Luft und setzte sich auf die Bank an der Feuerstelle. Der Schwarze Tod machte ihr angst.

\- 5 -

Die Brunnenvergifter

In aller Frühe wachte Minona auf. Durch die offene Dachluke drang fahles Morgenlicht. Es mußte sehr früh sein, denn auf der Straße waren noch keine Leute unterwegs. Sie zog sich an und stieg ins Erdgeschoß hinunter. Sie öffnete die schwere Haustür und lief zum Lagerhaus hinüber, wo die Pferde in den Ställen rumorten.
Als Minona vor Torgers Kammer stand, klopfte ihr Herz. Leise machte sie die Tür auf. Sie war sehr enttäuscht, als sie sah, daß Torger noch nicht zurück war, denn sie hatte fest damit gerechnet. Besorgt setzte sie sich auf die Schlafstätte. Eine Spinne hatte in der Nacht ein Netz vor die Fensteröffnung gesponnen und lauerte genau in der Mitte auf Beute.
Plötzlich hörte sie vom Hof her laute Stimmen, dann schwere Räder, die über den gepflasterten Hof polterten. Neugierig verließ sie Torgers Kammer und ging hinunter. Der Kaufherr kam aus dem Küchenanbau und begrüßte einen Fuhrknecht. Vom Wagen kletterten zwei Laienschwestern des Katharinenklosters, die Minona kannte.
Minona wußte schon, worum es hier ging. Kaufherr Heymann beschenkte mal wieder das Katharinenkloster. Er hatte einen besonderen Handel mit der Subpriorin, der Stellvertreterin des Frauenklosters abgeschlossen, und übergab den Klosterleuten mal wieder ihre Vorzugswaren. Heymann zeigte dem Pferdeknecht Martin die Ladung beim Schuppen, Getreidesäcke, kleinere Kisten mit Ge-

würzen, Honig und Bier in Fässern. Alles wurde umgeladen, es nahm überhaupt keine Ende.
Minona ging über den Hof zu Heymann und sagte: „Guten Morgen. Ist das alles für das Katharinenkloster?"
Heymann nickte.
„Wollen die vor dem Schwarzen Tod fliehen?" fragte Minona. Heymann antwortete nicht.
„Ich hab einen Auftrag für dich", sagte er statt dessen. „Du mußt mir nur versprechen, dich zu beeilen und mit keinem Gesindel und Bettlervolk zu reden, dann kann dir nichts passieren. Der Gilderat hat beschlossen, daß die kostbare Reliquie, die der päpstliche Gesandte mitgebracht hat, am nächsten Sonntag an die Stadt übergeben werden soll. In der Marienkirche. Er soll also die Expertise aus Köln nicht erst abwarten."
„Er?" fragte Minona.
„Ja, der Gesandte. Du sollst zu ihm gehen und ihm das sagen."
„Ich?"
„Er wird sich freuen."
Bestimmt, dachte Minona. Der Auftrag kam ihr gerade recht, denn eine bessere Gelegenheit, um nach Torger zu suchen und um das Gästehaus auszuspionieren, konnte es gar nicht geben. Sie sagte: „Gut, wenn Ihr es wünscht."
Heymann dankte ihr mit einem Kopfnicken und schritt zum Wagen, der den Hof verlassen wollte. Pferdeknecht Martin schloß das eiserne Tor hinter ihm.
Minona aß schnell in der Küche etwas und zog ihren Umhang über.
Auf dem Hellweg herrschte viel Betrieb, aber anders als an gewöhnlichen Alltagen. Es waren weniger Bettler zu sehen, dafür aber mehr Menschen, die anscheinend nichtstuend herumstanden und sich unterhielten. Die Händler

schrien lauter als sonst ihre Waren aus, ihr Bier, ihre Backwaren.
Da lag direkt vor dem Hospital, auf der Höhe des Marktplatzes, ein Eselskadaver, den noch niemand weggeräumt hatte. Daneben stand ein Mann auf einer Tonne und hielt eine Rede.
Minona hörte einen Moment zu.
Der Mann sprach von einem neuen Reich, schilderte ein Paradies, wohin man sich nur zu begeben brauchte, um Frieden zu finden.
Während er predigte, zeigte er immer wieder auf den Kadaver, und es sah so aus, als späche er zu dem toten Tier.
Minona nahm den Umweg zur Grutstraße, sie blickte aufmerksam zum Lindenbaum. Die Nonne saß noch genauso auf der Wurzel, sie blickte Minona scharf an, dann drehte sie stumm den Kopf weg. Minona ging in die Gasse zu dem Gästehaus.
Sie blickte sich suchend nach dem verkleideten Torger um, doch einen alten Mann mit einer dicken Oberlippe konnte sie nirgends entdecken.
Hoffentlich erkennt mich der Hochstapler nicht, dachte Minona und klopfte gegen die Holztür. Sie brauchte nicht lange zu warten. Eine ältere Magd in einem dunkelblauen Kittel fragte, was sie wollte. Sie erklärte es ihr und wurde ins Haus geleitet. Die Eingangshalle wirkte düster und dunkel bis auf ein kleines Licht in einem Halter, es flakkerte in der Zugluft.
„Dort oben“, sagte die Magd und zeigte zu einer Galerie hinauf.
Minona ging schnell die Treppe hoch, die Magd verschwand, und Minona konnte sich ein wenig umsehen. Aus einem Zimmer hörte sie Gelächter.
Wieder die Frauenstimme, die Minona schon einmal gehört hatte.

Eine Tür wurde geöffnet, und Minona stand wie vom Donner gerührt da, so erstaunt war sie.
In der Tür stand der päpstliche Gesandte, und eine Frau erschien und küßte ihn auf den Mund.
Dann drehte sich die Frau zu ihr. Es war eine Nonne aus dem Katharinenkloster, es war die Subpriorin. Die beiden starrten verlegen auf Minona. Dann machte der Gesandte eine unwirsche Handbewegung und knallte die Tür hinter sich zu. Kalt blickte er auf Minona herab.
„Was willst du?“ fragte er barsch.
Minona erklärte ihm ihren Auftrag des Rates.
Da beruhigte sich der Gesandte schnell und führte Minona die Treppe hinunter bis vor das Haus.
„Die Herren sind vernünftig“, sagte der päptsliche Gesandte. „Aber sie sollen auch ihre Expertise bekommen. Den Boten erwarte ich stündlich und...“
Er sah sie streng an. „Richte das aus.“
Er drehte sich um und schloß abrupt die Tür hinter Minona.
Über Torger hatte sie nichts erfahren.

Und einen Tag später war Torger noch immer nicht wieder aufgetaucht. Auch Heymann hatte das mitbekommen, und er sagte zu Minona, als sie ins ein Kontor kam: „Den hat der Schwarze Tod bei seinen Eltern erwischt.“
Minona erschrak.
Sie wollte ihn suchen, notfalls in der ganzen Stadt. Zuerst wollte sie sich in der Nähe des Gästehauses nach einem alten Bettler umsehen. Für Heymann erfand sie eine Ausrede, er ließ sie nur ungern wieder in die Stadt gehen.
Minona kam nicht weiter als bis zur Judengasse. Dort herrschte ein großes Gedränge, sie konnte nicht erkennen, was der Grund dafür war. Neugierig drängelte sie sich in die Gasse hinein.

Ein Edelmann saß hoch auf seinem braunen Pferd, in der rechten Hand hielt er eine Turnierlanze. Seine Stimme tönte über die Köpfe hinweg.

„Ich aber behaupte, daß es die Heiden sind, die Giftkräuter in die Brunnen streuen. Heimlich bei Nacht!" rief er.

„Aber Herr, warum sollen sie denn das Wasser vergiften? Sie trinken doch auch davon?" fragte ein Mann neben dem Reiter.

„In ihren Kellern und Lagerräumen haben sie ihre eigenen Wasservorräte!" rief der Edelmann. „Auf, laßt uns nachsehen!"

„Nein, nein", sagte eine Frau zu Minona. „Die Heiden sind zwar nicht fromm, aber Menschen sind es doch, nicht wahr?"

Minona verstand nicht, worauf der Edelmann hinaus wollte.

„Dort das Haus, das müßt ihr gründlich durchsuchen. Ihr werdet alle Spuren für meine Behauptung finden." Er zeigte mit der Lanze auf ein dreistöckiges jüdisches Haus, dessen Fensterläden und Tür verschlossen waren.

„Das gehört doch dem Ruben", sagte die Frau zu Minona.

„Hierher Leute!" befahl der Edelmann.

Minona sah eine Gruppe zerlumpter Gestalten, die sich den Weg zum Haus freimachten und nun im Chor Gemeinheiten und Beleidigungen schrieen.

Wieso vertreibt die keiner? fragte sich Minona. Sie wurde weiter nach vorn geschoben und kam fast neben das Pferd. Der Edelmann sah grimmig aus, sein Pferd tänzelte unruhig.

„Los, rein ins Haus!" schrie der Reiter und trieb die Männer weiter zum Haus hin. „Wollt ihr, daß eure Frauen und Kinder vergiftet werden? Wollt ihr alle sterben?"

„Recht hat er!" rief ein Mann aufgebracht.

„Betrüger, Lügner und Diebe sind sie, alle miteinander."
„Ausräuchern sollte man sie!"
„Fort mit ihnen!"
„Damit sie woanders ihr Unwesen treiben? Nein, laßt euch was Besseres einfallen!" schrie der Edelmann.
Jemand aus der hintersten Reihe rief: „Wir brauchen eine Fackel!"
Minona lief es kalt den Rücken hinunter. Die Menschen wurden immer wütender, angetrieben von dem Reitersmann, immer dichter wurde die grölende Menschenmenge vor dem Haus. Jemand rüttelte an der Tür, ein anderer Mann schlug mit einem Knüppel gegen einen Fensterladen.
Der Reiter trieb sein Pferd zwischen die Menschen, seine Lanze fuhr dicht über die Köpfe. Minona duckte sich, sonst hätte die Lanze sie getroffen.
Der erste Fensterladen gab nach, wurde herausgebrochen und triumphierend weitergereicht. Auch die Tür bebte in den Angeln.
Minona war vor Wut den Tränen nahe.
Warum greift die Stadtwache nicht ein? dachte sie.
Es standen doch immer Stadtsoldaten auf dem Hellweg, keine zehn Schritte entfernt.
Zwei junge Männer kletterten durchs Fenster ins Haus. Es dauerte nicht lange, und sie öffneten die Tür von innen. Der Reiter trieb die Leute fast ins Haus hinein mit seinem schnaubenden Pferd. Minona wurde weiter nach vorne gedrängt.
Sie wollte fort, doch sie konnte nicht aus der Menge entkommen. Erst an der Hauswand hatte sie etwas Platz. Sie hatte Angst, schreckliche Angst vor diesen wilden Menschen, die einfach in ein Haus eindrangen.
Im Innern schrie jemand. Gegenstände wurden aus den

oberen Stockwerken auf die Köpfe geworfen und jedesmal mit Gejohle aufgefangen und weitergeschleudert.
Dann kam schwarzer Rauch aus den Fenstern, und die Menschen stürzten wieder heraus. Die jüdische Familie aber hatte in letzter Sekunde über die Gärten fliehen können. Ihr gesamter Haustand war zertrampelt und zerschlagen worden. Die Menge verteilte sich nach und nach. Auch der Ritter machte sich davon, als er Stadtsoldaten angerannt kommen sah. Die Soldaten stürmten ins Haus, und nachdem sie sich vergewissert hatten, daß niemand mehr in Gefahr war, halfen sie, den Brand zu löschen.
Minona stand auf der Gasse und konnte sich nicht wegbewegen.
Eine Hand legte sich auf ihre Schulter.
„Das nackte Leben haben sie retten können“, sagte eine Frau zu Minona. „Und um ein Haar hätte man ihnen auch das genommen.“
Die Frau trug die ungefärbte helle Wollkleidung der Beginen, sie lächelte traurig.
„Warum hab ich es nicht verhindert?“ fragte Minona. Tränen liefen über ihr Gesicht. „Warum hab ich den Ärmsten nicht geholfen?“
Die junge Frau faßte sie an der Schulter.
„Komm weg hier“, sagte sie.
Aber Minona wollte nicht. „Warum hab ich kein Wort dagegen gesagt? Warum war ich so feige?“
„Was willst du allein gegen eine aufgestachelte Menge denn unternehmen?“ fragte die Frau. Sie nahm Minona an der Hand und ging mit ihr zum Hellweg und weiter über den Marktplatz ins Rosental.
„Ich zeig dir unser Beginenhaus“, sagte sie, als sie auf dem Hof standen. „Das sind die Ställe, und dort wohnen wir.“ Minona ging mit ihr ins Haus.

Die unterste Etage war ganz einfach eingerichtet. Es gab eine Feuerstelle mit Töpfen, Pfannen und Grapen, einen langen Tisch, Holzbänke und ein breites Regal an der Wand.
„Die anderen sind alle unterwegs", sagte die Frau. „Du weißt sicher von der Seuche?"
Minona nickte.
„Wir haben viel zu tun, es werden jeden Tag mehr Kranke. Deshalb suchen die Leute einen Schuldigen", fuhr sie fort. „Dann trifft es immer die anderen, die Fremden, die Nichtchristen..." Minona setzte sich auf die Bank. „Der Ritter hat sie angespornt." Sie fühlte sich leer und elend. Dann stand sie wieder auf und sagte: „Ich muß nach Hause. Danke, daß..."
Die Frau nickte und brachte sie auf den Weg zurück. Minona ging schnell nach Hause.

Es war schon spätabends, in der Dachkammer war es dunkel. Minona lag mit geöffneten Augen da und starrte in die Finsternis. Sie lauschte angespannt, sie hatte ein Geräusch gehört. Es war eine Maus, die von Balken zu Balken kletterte.
Nach langer Zeit, Minona war schon fast eingeschlafen, ging die Tür knarrend auf. Minona richtete sich erschrokken auf.
„Ich bin es."
„Torger!"
Sie sprang auf, in die Arme des alten Bettlers. Nur die dikke Oberlippe hatte er nicht mehr.
„Die hab ich aufgegessen", sagte Torger und lachte. „Ich hatte ganz schönen Hunger."
„Wo bist du gewesen?"
„Ich hab nichts herausgefunden. Einmal hab ich einen

Knecht verfolgt, der hat aber nur Sachen vom Katharinenkloster abgeholt“, erzählte Torger. „Ich muß erst mal ausschlafen. Und ich hab erfahren, daß der Bote mit der Expertise bald kommt. Den fang ich mir.“

Er warf sich müde aufs Bett. Minona legte sich neben ihn. Sie schlang ihre Arme um ihn. Von ihrem Erlebnis sprach sie nicht.

„Schlaf hier, ja?“ bat sie leise.

Torger nickte zur Antwort, dann war er schon halb eingeschlafen. Minona küßte ihn, und dabei schlief er ganz ein.

- 6 -

Der Bote

Minona war glücklich, ihr Ärger über Torger war ganz verflogen. Er lag neben ihr und schlief tief und fest. Sie weckte ihn nicht sofort. Sie schmiegte sich an ihn und lauschte auf seine Atemzüge. Sie fühlte sich ganz vertraut mit ihm. Dann konnte sie nicht anders und küßte ihn auf den Mund.

Torger wußte zuerst nicht, wo er die Nacht verbracht hatte. Sie schmusten miteinander und standen endlich auf.

„Ich komme mit runter", sagte Minona.

Sie gingen möglichst leise über den Dachboden zur Leiter, stiegen an der zweiten Etage vorbei, zur ersten hinunter. Vor dem Erker des Hausaltars blieb Torger stehen, nahm Minona in die Arme und sah sie eindringlich an.

„Ich hab dich gern, Minona, so sehr wie..."

„Du mußt in deine Kammer."

„Gleich, gleich." Torger nahm sie in die Arme und küßte sie noch einmal.

In dem Moment ging eine Tür auf und Kaufherr Heymann stand vor ihnen. Er war so überrascht, daß er wie ein Fisch an Land nach Luft schnappte. Minona fuhr herum, und Torger trat einen Schritt zurück.

„Was macht ihr da?" fragte Heymann, als er endlich Worte fand.

Minona antwortete nicht, auch Torger fragte nichts.

„Wo kommt ihr her? Zu so früher Stunde?" fragte Heymann. Dann schwieg er. Langsam dämmerte ihm, woher die beiden kamen.

Minona sah ihm an, wie er wütender und wütender wurde, sein Gesicht wurde aschfahl, dann dunkelrot. Er wollte schimpfen, doch er sagte nach kurzem Zögern mit scharfer Zunge: „Hinaus! Hinaus aus meinem Haus!“
„Ich...“, sagte Minona.
Da holte der Kaufherr aus und schlug Minona mit der Hand ins Gesicht. Sie schrie nicht auf, aber hielt sich die brennende Backe. Der Kaufherr sah sie kalt an, dann sagte er: „Er verschwindet! Sofort!“
Heymann drehte sich um und verschwand in seinem Zimmer.
Torger machte eine Bewegung, als wolle er sich auf ihn stürzen, doch Minona hielt ihn am Ärmel fest.
„Komm“, sagte sie und zog ihn mit nach unten.
Sie brachte ihn durch den Garten zur hinteren Pforte.
„Wir können von Glück sagen, wenn er dich nicht anzeigt“, sagte sie traurig. „Als Stadtherr hätte er dich niemals verstecken dürfen. Wenn nun...“ Die Schmach, daß er sie geschlagen hatte, schnürte ihr die Kehle zu.
„Wo willst du hin?“ fragte sie tonlos.
„Ich muß den Hochstapler entlarven“, sagte Torger.
„Geh zu Lydia, die nimmt dich auf. Ich komme, sobald ich hier weg kann.“
„Gut“, sagte Torger.
Minona faßte in seine Haare und zog daran.
Er schüttelte den Kopf, machte die Pforte auf und ging in den Morgen, die Vögel begannen gerade zu singen.
Minona kehrte zum Haus zurück, in die Küche. Noch nicht einmal die Köchin Waltraut war schon aufgestanden.
Minona kratzte in der Asche nach einem Stück Glut. Daran zündete sie trockene Äste an.
Als das Feuer brannte, hängte sie den Wassertopf darüber.
Sie schob eine Grape mit Milch an die Flammen.

Kaum war sie mit ihrem Frühstück fertig, kam der Pferdeknecht und bat sie zu Heymann ins Verkaufslager. Sie gehorchte.

Sie sollte Heymann helfen, den Bestand aufzunehmen. Das war eine völlig überflüssige Aufgabe, fand Minona. Doch sie wurde nicht gefragt und tat, was Heymann verlangte. Heymann behielt sie den ganzen Tag in seiner Nähe, so daß sie keine Gelegenheit fand, zu Lydia zu gehen. Torger erwähnte er mit keinem Wort. Er sprach nur über sein Geschäft. Auch über die Seuche verlor er kein Wort. Todmüde fiel Minona abends auf ihr Lager und schlief sofort ein.

Zerschlagen und wie gerädert wachte sie am nächsten Tag wieder auf. Alle Knochen taten ihr vom Schieben und Heben der Säcke und Ballen weh.

Es gelang ihr, unbemerkt das Haus zu verlassen. Auf dem Hellweg war es still, merkwürdig still. Kein Fuhrwerk war unterwegs, kein Reiter, kein Viehhirte mit seiner Herde.

Als Minona zum Marktplatz kam, fand sie den weiten Platz genauso leer. Sie bog in eine schmale Gasse ein und mußte plötzlich hinter einem Karren stehenbleiben, der ihr den Weg versperrte. Es war ein flacher Karren mit einem Zugochsen, der Kutscher stand bei seinem Tier und fuchtelte mit einer langen Gerte.

Auf dem Karren lagen drei Särge, ein vierter wurde soeben aus dem Haus getragen und hinaufgelegt. Zwei Mönche standen dabei und beteten.

Plötzlich stellte sich eine Frau neben Minona und zeigte auf den Karren.

„Der da hat seine Kunden mit falschen Gewichten betrogen, und die da hat ihre Kinder geprügelt“, sagte die Frau und zeigte auf die Särge.

Der Kutscher trieb seinen Ochsen mit derben Flüchen an, ohne jegliche Achtung vor seiner Fracht.
Wohin werden sie gebracht? überlegte Minona. Sie machte einen kurzen Umweg zur alten Linde.
Die Nonne war wirklich noch dort im Baum. Jemand hatte ihr eine Decke gebracht und einen Krug vor den Baum gestellt.
„Dein Herzfreund lief mir über den Weg. Er war voller Haß“, sagte die Nonne. „Gewalt sprühen seine Augen. Wie kommt das? Liebst du ihn nicht mehr?“
„Wieso?“ rief Minona.
„Wenn du ihn liebst, solltest du ihn nicht so weglaufen lassen“, meinte die Nonne gleichmütig. „Seine Wunden bluten und können nicht heilen. Aber du willst ja mit ihm schlafen!“
„Was meinst du? Laß mich!“
„Ich sag dir, auf welchen Friedhof die Toten gebracht werden, warte...“, rief die Nonne, doch Minona mochte ihr nicht mehr zuhören. Sie wollte zu Torger und rannte zum Neuentor.
Dort klopfte sie heftig gegen die Haustür. Niemand kam, um zu öffnen. Sie klopfte lauter.
Nach langer Zeit wurde die Tür geöffnet, Lydia ließ Minona herein. Sie hatte Johannes auf dem Arm.
„Ist Torger bei euch?“ fragte Minona.
Lydia nickte und ging in die Küche vor. Sie schob einen Topf in die Glut und sagte: „Er hat sich mit Friedemar zusammengetan und wacht am Stadttor. Er will einen Boten aus Köln abfangen. Meiner Mutter geht es schlecht, seit der Vater tot ist, sie kann sich überhaupt nicht beruhigen. Dabei hat er sie ganz schön gequält und oft geschlagen.“
„Die Stadt ist doch gesperrt, wie will der Bote denn hereinkommen?“ fragte Minona.

„Torger rechnet mit einem Trick“, sagte Lydia und rührte einen Weizenbrei an.
„Ich geh zu ihm“, sagte Minona.
Lydia ließ sie wieder hinaus und zeigte zum Stadttor, wo Minona zwei Wachsoldaten und Friedemar, den Gehilfen des verstorbenen Torwächters sah. Sie ging hin und blickte sich nach Torger um.
Wo war er?
Ein alter Mann trat aus dem Schatten auf sie zu, da erkannte sie ihn. Er hatte sich wieder verkleidet.
„Mein Fräulein, wen sucht Ihr?“ fragte er leise und freundlich.
„Dich!“
In dem Augenblick hörten sie laute Stimmen vom Stadttor her. Sie liefen schnell hin. Das Gitter war schon hochgezogen, und zwei Soldaten hielten einen Reiter am Zaum fest. Der Reiter stieg ab und zeigte einen schweren Siegelring vor.
„Das ist er. Ich muß ihn fangen“, flüsterte Torger hastig.
„Fangen?“ fragte Minona.
Der Bote sagte: „Ich komme aus Köln und bringe dem päpstliche Gesandten eine wichtige Botschaft.“
„Wir haben den Befehl, Euch durchzulassen“, sagte ein Wachsoldat.
„Halt!“ rief da Torger. „Ich komme im Auftrag des Stadtrates. Der Mann soll unbedingt festgenommen werden!“
Es klang sehr streng, er stellte sich vor den Reiter.
„Was? Was schreit der Alte da?“ fragte der eine Soldat den anderen verständnislos.
„Ein Verrückter“, meinte der Reiter nur.
„Ich bin ein Geheimagent des Rates“, sagte Torger bedeutungsvoll. „Der Mann ist ein schlimmer Verbrecher.“
„Aus dem Weg!“ schimpfte der Soldat und stieß Torger

mit seiner Hellebarde so heftig, daß er auf den Rücken fiel. Er rollte zur Seite. Dann sprang er hoch und ging schnell weg. Minona hatte alles mit angesehen. Sie folgte ihm.

Er rieb sich sein Bein.

„Das war dumm", sagte er ärgerlich. „Wie kann man nur so dumm sein! Ich habe tatsächlich geglaubt, die tun, was ich sage. Das ist die gerechte Strafe."

Minona mußte ihm recht geben, das war wirklich unüberlegt gewesen. In dem Moment ritt der Bote in scharfem Trab auf sie zu. Minona rettete sich durch einen Sprung zur Seite, Torger wurde vom Pferd angerempelt und auf die Seite geworfen. Der Reiter galoppierte davon. Torger fluchte hinter ihm her und schwor ihm Rache. Minona begleitete ihn zu Lydia ins Haus zurück.

Auf dem Rückweg stellte sich ein aussätziger Mann ihr in den Weg, er hielt ihr seine Bettelschale hin.

„Solange ich Augen habe, sehe ich sehr viel", sagte der Kranke. „Auch nachts, auch an gewissen Teichen."

„Was soll das?" fragte Minona. Sie kramte aus der Tasche einen Pfennig und warf ihn in die Schale. Sie kannte den kranken Mann, er lungerte hier am Neuentor herum und war immer sehr aufdringlich, mischte sich in alles ein.

„Und das Kindchen ist gesund?" fragte der Aussätzige.

„Wovon redest du?" fragte Minona.

„Von dem kleinen Johannes", antwortete der Kranke.

Minona wunderte sich, daß er Johannes' Namen wußte.

„Wir feiern bald Hochzeit, und der päpstliche Gesandte soll uns verheiraten. Ihr seid herzlich eingeladen. Und das Kindchen auch!" krächzte der Kranke in ihrem Rücken.

-7-

Der Pferdeknecht

Die Köchin schöpfte Wasser am Brunnen, als Minona aus dem Haus kam.

„Unseren Brunnen werden sie nicht vergiften", sagte Waltraut. „Ich hab Martin aufgetragen, jeden Abend den Brunnen abzudecken und das Hoftor fest zu verschließen."

„Ich glaube nicht, daß irgend jemand die Brunnen vergiftet", sagte Minona.

„Das Vergiften der Brunnen ist ja noch harmlos", meinte Waltraut. „Es gibt Giftschmierer, die Hauswände, Türen und Treppenstufen mit Gift bestreichen, und jeder, der damit in Berührung kommt, stirbt. Husch!"

Der Pferdeknecht kam aus dem Stall. Als er die beiden Frauen am Brunnen stehen sah, wollte er umkehren, doch die Köchin rief ihm zu: „Martin, was ist? Ich hab dich gestern den ganzen Tag nicht gesehen?"

„Nichts, nichts", sagte Martin und kam langsam zum Brunnen.

„Du siehst blaß aus", sagte die Köchin. „Du willst doch nicht krank werden?" Lachend hob sie den Eimer und ging zur Küche.

Ihr Lachen hat nicht echt geklungen, dachte Minona.

„Nein, nein", sagte Martin hastig und schöpfte mit der hohlen Hand Wasser. „Nur ein bißchen Müdigkeit und..."

Minona sah ihn eindringlich an, der Knecht senkte den Kopf und ging langsam in seinen Stall zurück.

Den ganzen Vormittag dachte Minona darüber nach, und mittags ging sie einfach in den Stall. Sie wollte wissen, was mit dem Pferdeknecht los war. Martin war nirgends zu sehen.
Sie klopfte den beiden Pferden auf den Rücken und fragte: „Wo ist Martin?"
Sie ging bis ans Ende des Stalls, wo hinter einer niedrigen Tür die Futterkammer und daneben die Kammer für den Knecht war. Die Tür stand weit auf. Auch dort war Martin nicht. Also ging sie um den Stall herum. Dort wuchsen wilde Büsche und Brennesseln, und die Hühner hatten den Boden aufgescharrt. Martin war nicht da.
Als Minona durch den Stall zurück auf den Hof wollte, hörte sie Martins Stimme: „Wir müssen die Zähne zusammenbeißen. Auch wenn es nicht mehr viel hilft."
Minona spähte um die Ecke. Der Knecht sprach mit dem Pferd.
„Und wenn er uns auf die Straße jagt?" fragte der Knecht das Pferd. Er hatte seinen Kopf an den Pferdehals gelegt, er weinte lautlos, die Tränen liefen nur so über sein Gesicht, unablässig...
Minona ging zu ihm hin.
„Was ist, Martin?" fragte sie zaghaft.
Martin schwieg.
„Der Schwarze Tod?" fragte Minona, fast unhörbar.
Martin nickte.
„Woher willst du das wissen?"
„Ich hab die Zeichen."
Minona kniff den Mund zusammen, um nicht laut loszuheulen.
„Heymann wird dich nicht hinauswerfen", sagte sie bestimmt.
„Ich muß es ihm sagen."

„Nein, warte noch. Geh in deine Kammer und laß dich bei der Köchin nicht blicken, die ist mißtrauisch. Ich kann mit ihm reden."
„Meinst du?" fragte Martin.
Minona nickte und verließ schnell den Stall. Sie überquerte den Hof. Als sie ins Haus kam, wurde sie von Kaufherr Heymann begrüßt.
„Ich hab für heute einen kleinen Kreis Gäste eingeladen", sagte er. „Ich möchte dich aus einem ganz bestimmten Grund dabeihaben. Aber vorher gehen wir nach Reinoldi, der päpstliche Gesandte liest dort eine Messe. Zieh dir einen festen Umhang über und ein Tuch über den Kopf, das riet mir der jüdische Arzt, dann kannst du keine giftigen Lüfte einatmen."
„Jetzt sofort?"
Heymann nickte und sagte: „Ich bitte Martin, er soll das Tor hinter uns verschließen."
„Das kann die Köchin doch machen, die ist im Hof und scheuert Töpfe", sagte Minona.
Sie lief in ihre Dachbodenkammer und suchte ihr Kopftuch. Warum Heymann Gäste eingeladen hatte, darüber wollte sie nicht nachdenken, auf keinen Fall.
Vor dem Tor wartete der Kaufherr. Er starrte den Hellweg entlang und meinte, als Minona neben ihm stand: „Ich glaube, die Ärzte sind genauso ratlos wie die übrige Menschheit. Nur geben sie es nicht zu. Und wir halten uns trotzdem an ihre Ratschläge."
Waltraut verschloß das Tor hinter den beiden mit einem Schlüssel und einer Kette.
„Glaubst du, daß es eine Strafe Gottes ist?" fragte Heymann. „Aber was haben wir schon Schlimmes getan, daß Gott uns so strafen will?"
Minona machte große Schritte, um mit ihm mitzuhalten.

Sie konnte auf die Frage nichts erwidern, sie wußte es einfach nicht.

Die Messe hatte bereits begonnen, die Reinoldikirche war voller Menschen. Es herrschte großes Gedränge und Geschiebe. Auch Heymann und Minona mußten sich ihren Weg nach vorn zu dem Seitenaltar mit den Ellbogen erkämpfen. Einige Mönche sangen einen mehrstimmigen Choral.

Als Minona sich auf die Plätze setzte, die nur für die obere Schicht der Ratsherren und Kaufleute reserviert waren, sah sie den Gesandten des Papstes.

Er stand hoch aufgerichtet vor dem Seitenaltar, und seine Stimme tönte über die Köpfe der versammelten Menge hinweg.

„Es steht geschrieben: Geht hin und gießt die sieben Schalen des Gotteszornes auf die Erde aus! Und der fünfte Engel goß seine Schale aus, und die Menschen zerbissen sich die Zunge vor Schmerzen und lästerten Gott im Himmel wegen ihrer Schmerzen und Geschwüre..."

Minona erschrak, ganz in ihrer Nähe sah sie den alten Mann, der mit gebeugtem Rücken dastand und der Strafpredigt zuhörte. Sie erkannte Torger sofort. Sie konnte jetzt nicht einfach aufstehen, direkt vor den Augen des Kaufmanns, und zu ihm gehen, so gern sie es gewollt hätte.

Der alte Mann schob sich langsam nach vorn und kam aus ihrem Blickfeld. Minona hatte einen Einfall.

„Ich möchte beichten", sagte sie leise zum Kaufherren und stand auf. Ehe Heymann etwas sagen konnte, war sie im Gedränge verschwunden.

Der Gesandte predigte immer lauter, doch die meisten Menschen hörten ihm nicht richtig zu. In manchen Ecken wurden Waren verkauft, ein Mönch bot seine Schreibdienste an, woanders wurden kleine Wachslichter verkauft. Die Stimme des päpstlichen Gesandten übertönte all den Lärm. Minona kam bis in die erste Reihe vor dem Altar, sie stellte sich genau neben den alten Mann. Sie sah ihn fragend an, aber er reagierte nicht.

Plötzlich fühlte sie etwas Kaltes an ihrem Arm. Erschrokken sah sie hin. Der alte Mann hatte ein Kurzschwert unter dem Umhang verborgen. Minona sah die Klinge aufblitzen, ehe er es wieder verschwinden ließ.

Sie schüttelte heftig den Kopf. Der alte Mann nickte nur ganz langsam.

Die Nonne im Baum hatte recht gehabt, Torger war voller Haß.

Der alte Mann drängelte sich bis zur ersten Altarstufe, da blieb er stehen, Aug in Aug mit dem päpstlichen Gesandten. Minona hielt sich dicht hinter ihm.

Der Gesandte machte auf einmal eine Pause und blickte den alten Mann prüfend an. Minona meinte zu sehen, wie der Hochstapler blaß wurde. Er kramte aus einer Tasche ein kleines Döschen, aus dem er drei goldene Pillen nahm und sie schluckte. Sogleich hatte er sich wieder gefangen und predigte weiter. Mit der Hand machte er ein Zeichen, worauf zwei Mönche herbeikamen und den alten Mann vom Altar wegzogen.

Minona folgte, so gut es ging, bis hinaus auf den Platz vor der Kirche. Dort erst ließen die beiden Mönche den alten Mann los, schubsten ihn beiseite und verschwanden wieder in der Kirche.

Minona ging zu ihm.

„Diese Schweinehunde!“ schimpfte Torger. „Das waren seine Wächter.“

„Was wolltest du tun?“ fragte Minona aufgeregt.

„Er hat mich bestimmt erkannt“, sagte Torger und zog das Kurzschwert hervor. „Ich wollte ihn töten.“
Minona schüttelte sprachlos den Kopf.
„Ich wollte mich auf ihn stürzen und ihn erstechen“, sagte Torger leise. „In dem Augenblick kamen die beiden Mönche und zogen mich weg.“
„Und dann?“ fragte Minona. „Was wäre mit dir geschehen?“
„Sie hätten mich geschnappt“, sagte Torger.
„Und ich?“ fragte Minona. „Was wäre aus mir geworden?“
Torger schwieg, als wäre das ein völlig neuer Gedanke für ihn.
„Ich bringe dich zu Lydia“, sagte Minona dann. Es war ihr egal, was der Kaufherr dachte, wenn sie von der Beichte nicht zurückkam.

Lydias Mutter saß an der Feuerstelle, sie blickte nicht auf, als sie mit Lydia eintraten.
„Sie starrt nur in die Glut“, sagte Lydia.
„Können wir hinauf?“ fragte Torger.
Lydia nickte, meinte nur: „Wollt ihr nichts essen?“
Minona schüttelte verneinend den Kopf. Sie hatte keinen Hunger. Torger nahm sie an der Hand und zog sie zur Treppe.
Lydia lächelte, als habe sie ein schönes Geheimnis entdeckt. Frau Hornfeld begann ein Lied zu summen. Lydia ging zu ihr und nahm sie in die Arme. In dem Moment schrie der kleine Johannes aus dem Korb, laut und fordernd.
Minona und Torger gingen in die Kammer unter dem Dach. Durch das Fenster fiel ein heller Sonnenstrahl und zeichnete ein scharf geschnittenes Lichtdreieck auf den Boden. An der Rückwand hatte Torger sein Lager aus Stroh und ein paar Decken.

„Lydia sorgt gut für mich“, sagte er und zeigte auf den Krug mit frischem Wasser und einen Teller mit Gewürzkuchen.
Er zog das Kurzschwert aus dem Gürtel, wickelte es sorgfältig in ein Tuch und legte es fort.
Minona ging zum Fenster und ließ sich die Sonne aufs Gesicht scheinen.
„Hast du gesehen, wie elend ihre Mutter aussieht?“ fragte sie. „Dabei war ihr Mann sehr gemein zu ihr. Sie trauert, als habe sie den kostbarsten Menschen verloren.“
„Die Menschen sind seltsam“, sagte Torger. Er stellte sich hinter sie und schlang die Arme um sie. „Ich mag dich sehr“, sagte er zärtlich.
Minona spürte, wie ihr Herz klopfte, das Sonnenlicht blendete sie, und sie kniff die Augen zu.
Ich mag dich auch, dachte Minona, drehte sich zu ihm und küßte ihn.
Sie spürte seine narbigen Hände, die ihr Gesicht berührten, sie spürte seine Lippen auf ihrem Mund... Sie war glücklich bis in die Zehenspitzen.
Torger zog sie zum Lager hinüber. Dort legten sie sich nebeneinader hin und umarmten sich, streichelten und küßten sich liebevoll.
Sie liebten sich sehr in dieser Kammer.
Minona wollte, daß es nie endete, doch plötzlich richtete sich Torger auf und sagte: „Weißt du, was ich mich frage? Wer eigentlich meine Eltern waren. Ob der Hochstapler wirklich mein Vater ist. Früher hat es mich nicht interessiert.“
„Ich glaube nicht, daß er dein Vater ist“, sagte Minona. „Ihr seht euch nicht ähnlich.“
Torger sah sie an, küßte dann auf einmal ganz kurz und ganz zärtlich ihre Brust, lächelte verschmitzt und sagte:

„Danke, meine Schöne."
„Wofür?"
„Dafür, daß es dich gibt."
„Aber..."
„Pssst", sagte Torger und legte den Finger auf den Mund.
Minona zog sich schnell wieder an und ging in die Küche hinunter.
Sie sprach noch kurz mit Lydia, dann lief sie nach Hause. Die Messe mußte längst zu Ende sein.

Als sie vor dem versperrten Hoftor stand, rief sie nach dem Pferdeknecht. Aber da fiel ihr ein, daß Martin ja krank war.
Auf dem Hof war viel Betrieb, und Knecht Vincent öffnete ihr. Verwundert stellte Minona fest, daß vier Sänften dort standen und die Knechte und Träger am Brunnen saßen und von Waltraut bewirtet wurden.
„Was ist denn hier los?" fragte Minona die Köchin.
„Auf dich warten sie alle", sagte Waltraut. „Wo bist du denn gewesen?"
„Ich war beichten und..."
„Das kannst du deiner Großmutter erzählen", sagte Waltraut und zog Minona einen Strohhalm aus den Locken.
Minona drehte sich um und ging schnell ins Haus. Sie wollte in ihrer Kammer verschwinden, denn sie hörte aus Heymanns großem Zimmer viele Stimmen. Es wird wohl ein richtiges Fest gefeiert, dachte sie.
Als sie auf der ersten Stufe stand, ging die Kontortür auf, und Heymann kam heraus.
„Da bist du ja endlich", sagte er ärgerlich. „Ich warte schon so lange."
„Auf mich?" fragte Minona. „Ich war doch bei der Beichte und mußte dann..."

„Hast du denn ganz vergessen, weshalb die Herrschaften hier sind?“
Minona verstand nichts mehr. „Ihr habt es mir gar nicht gesagt, weshalb...“, sagte sie.
„Das kann doch nicht sein!“ rief Heymann. „Du bist doch die Hauptperson.“
„Das muß ein Mißverständnis sein“, sagte Minona sehr leise.
„Ach was! Ich will ihnen mitteilen, daß wir heiraten werden. Ganz öffentlich soll es jetzt werden.“
„Ihr wollt...“ sagte Minona und verstummte.
„Das hatte ich dir doch gesagt.“
Minona schüttelte den Kopf.
„Nun komm, wir gehen gleich hinein.“
Er nahm ihren Arm und zog sie von der Treppe. Minona war zu sprachlos, um sich ihm zu widersetzen. So wurde sie ins Kontor gebracht, und alle Augen richteten sich auf sie.
Da war Kaufherr Geron mit seiner Frau und all die anderen hohen Kaufherren der Stadt mit ihren Frauen. Sie redeten und lachten und aßen. Doch als sie Minona sahen, schwiegen sie.
Dann geschah es, was Minona so sehr gefürchtet hatte. Heymann hielt eine Ansprache und stellte sie als seine neue Frau vor.
„In kurzer Zeit werden wir getraut werden“, sagte Heymann zum Abschluß. Minona stand steif und blaß neben ihm.
Torger, dachte sie, wie soll das enden? Torger, Lieber...
Sie biß sich auf die Lippen, der Schmerz hinderte sie daran loszuweinen. Im Mund hatte sie den Geschmack von Blut.

Nachdem all die Gäste gegen Abend das Haus wieder ver-

lassen hatten, ging Minona mit Brot und Wasser in den Stall. Der Pferdeknecht Martin lag auf seinem Stroh. Sie trat nicht näher, als sie in der Tür stand.
Sie sah sofort, daß er tot war. Sein Gesicht blickte gequält ins Nichts. Langsam stellte sie den Krug zu Boden, legte das Brot dazu. Sie weinte jetzt, sie fühlte sich so hilflos. Die beiden Zugpferde scharrten hungrig in ihren Bretterverschlägen.

- 8 -

Ein Grab ohne Namen

Sie wollte dem Kaufherren von dem Tod des Knechtes unterrichten. Langsam blickte sie noch einmal zur Kammertür. Dann rannte sie schnell über den Hof zum Kontor, klopfte gegen die Tür. Heymann ließ sie herein.
„Was ist geschehen?“ fragte er.
Minona holte tief Luft und sagte: „Martin ist tot.“
„Martin?“
Minona nickte.
„Der Schwarze Tod?“ fragte der Kaufherr.
Minona nickte wieder.
„Wo?“
„In seiner Kammer.“
„Morgen kümmern wir uns um sein Begräbnis. Er soll richtig begraben werden, er war ein guter Pferdeknecht“, sagte Heymann.
Er sagte nichts mehr zu ihrem verspäteten Kommen, wünschte ihr eine gute Nacht und verschwand im Kontor.
Erschöpft stieg sie zum Dachboden hoch und legte sich schlafen.

Am nächsten Morgen ließ Heymann nach einem Mönch aus dem Dominikanerkloster schicken. Waltraut und der Verkaufsgehilfe Vincent legten den Pferdeknecht auf zwei Bretter im Stall und deckten ihn zu. Die Pferde sahen unruhig zu dem Toten hin.
Minona wartete in der Küche. Als Heymann dem Mönch

erklärte, er wolle ein besonderes Grab auf dem Klosterfriedhof, schüttelte er unwillig den Kopf und sagte: „Das wird nicht gehen. Das Kloster ist nicht mehr befugt, Beerdigungen auf dem eigenen Grundstück zuzulassen. Außer im Fall, daß es sich um einen Klosterbruder handelt."
„Aber du weißt, wer ich bin?" fragte Heymann unwillig.
„Es dürfen keine Ausnahmen gemacht werden", sagte der Mönch fest.
„Ich werde mit dem Prior reden", sagte Heymann und wollte sich umdrehen, aber die Worte des Mönchs hielten ihn zurück.
„Ich weiß nicht, ob Euch klar ist, daß es besser wäre, den Verstorbenen schnell aus dem Haus zu schaffen. Sonst überträgt sich der Schwarze Tod leicht auf Euer..."
„Unsinn", sagte Heymann.
„Wir könnten ihn sofort beerdigen, denn das Kloster hält ein größeres Grab auf dem Anger hinter den Klostermauern bereit. Dorthin müßten wir allerdings sofort aufbrechen."
„Ein größeres Grab?" fragte Minona, die nicht verstand, was er damit gemeint hatte.
Der Mönch nickte.
„Gut!" sagte Heymann nach kurzem Überlegen.
So brachen sie auf.
Der Verstorbene folgte auf dem zweirädrigen Lastkarren, die Hausbewohner gingen vorweg. Kaufherr Heymann, Minona, die Köchin Waltraut, Frau Jopping und der Verkaufsknecht Vincent. Der Mönch betete.
Als sie auf dem Anger ankamen, sah Minona, was er gemeint hatte. Sie blieben vor der Grube stehen.
Minona schauderte. Auf dem Grund lagen mindestens fünf Leichen übereinander. Eben kam ein weiterer Wagen mit drei Verstorbenen. Mit einer Stange schob der Fuhr-

mann die Leichen vom Wagen, um sie nur ja nicht mit Händen anfassen zu müssen.
„Ein trauriges Grab“, sagte Heymann zu Minona. „Solche Gräber gehören zu den Notzeiten, in denen wir leben.“
Als die beiden Knechte den Pferdeknecht hochhoben, mußte Minona sich umdrehen. Das konnte sie nicht mit ansehen.
Der Mönch sprach ein kurzes Gebet, dann sagte Heymann ein paar Worte. Es klang nüchtern und sachlich.
Minona dachte, er sagt nichts zu dem schrecklichen Grab, in dem Martin liegen muß.
Der Kaufherr drehte sich abrupt um und ging schnell weg, Minona folgte ihm.
Nicht nur dieses trostlose Begräbnis beunruhigte sie, sondern viel mehr noch, daß sie gar nicht gewußt hatte, wieviel Menschen schon an dem Schwarzen Tod täglich in Dortmund starben. Die wurden ja schon auf Karren herbeigefahren! Der Schwarze Tod hatte die Stadt längst in seinem Würgegriff.

Nachmittags wollte Minona zu Torger und Lydia, unbedingt, denn die wußten noch nicht, wie lebensgefährlich es in der Stadt geworden war. Sie mußten fliehen, so schnell es ging.
Sie rannte Richtung Neuentor, nahm hinter der Wißstraße eine Abkürzung quer über die Wiesen und Felder. Sie kam an einem Stall vorbei, in dem die Kühe laut brüllten. Wahrscheinlich kümmerte sich niemand mehr um die Tiere. An der Stadtmauer patrouillierten Stadtsoldaten und betrachteten Minona mißtrauisch. Sie ging schnell vorbei.
Gerade wollte sie auf Hornfelds Haus zugehen, als sich plötzlich eine Hand auf ihren Mund legte und sie nach hinten gezogen wurde. Sie wollte schreien, aber man hielt

ihr den Mund zu, sie bekam keine Luft. Ihr wurde ein Sack über den Kopf gezogen, und sie konnte auch nichts mehr sehen. Sie hatte Angst, es ging alles sehr schnell.
Man schleppte sie fort. Sie trampelte um sich, doch es half ihr nichts. Dann plötzlich gab man ihr einen Stoß, sie stolperte über irgend etwas und fiel hin. Der Sack wurde ihr vom Kopf gerissen. Sie blickte in das kranke Gesicht des Aussätzigen Basilius, er grinste sie an.
Sie war in einem gemauerten Raum, der zur einen Seite offen war. Das Dach hing windschief herunter, der Hof wurde von einer hohen Mauer abgeschlossen.
Sie sah sich um und überlegte, wo man sie hingeschleppt hatte, es mußte ja ganz in der Nähe des Neuentores sein.
„Dich zumindest wollten wir dabeihaben, meine Schöne“, sagte der Aussätzige. „Wir haben dich doch eingeladen, nicht, meine Schöne?“ fragte Basilius leise, zischelnd wie eine Schlange.
Minona wußte nicht, was sie davon halten sollte.
„Ich will fort“, sagte sie und stand auf.
„Langsam, langsam, meine Schöne“, sagte Basilius und ließ sie nicht an sich vorbei. „Sieh dich mal um.“
Männer und Frauen standen in einem Halbkreis um Minona. Es waren alles Aussätzige, die sie ernst betrachteten oder mit stumpfen Augen dastanden, ihre kranken Glieder waren mit Lumpen umwickelt. Einige stützten sich auf eine Krücke, sie hatten nur ein Bein. Andere hatten Lappen um die Armstümpfe gewickelt. Ihnen fehlten die Hände. Basilius zog eine Frau näher heran und sagte: „Das ist meine Braut. Leider wollte der päpstliche Gesandte uns nicht trauen, ich hab mit ihm geredet. Ja, empfangen hat er mich, der hohe Herr. Aber wir haben einen anderen Mönch gefunden.“ Und bei diesen Worten humpelte ein Mann in einer geflickten Mönchskutte vor und verbeugte sich tief.

Er sagte: „St. Sebastian nenn ich mich seit kurzem, denn ich kümmere mich um die Opfer des Schwarzen Todes, hä hä. Der Totgeglaubte. Und um die Hochzeit meines Herzensbruders Basilius kümmere ich mich auch, hä hä."

„Laßt mich gehen", sagte Minona.

„Aber, aber, meine Schöne, wir wollen nur ganz in Ehren mit Euch feiern und fröhlich sein", sagte Basilius und klatschte in die Hände. „Wir haben allen Grund, denn große Veränderungen stehen bevor."

Die blinde Frau an seiner Hand fing plötzlich laut an zu singen: „Denn der Schwarze, denn der Schwarze, denn der Schwarze Tod ist da." Dazu klatschte sie mit den Händen, die anderen fielen in den Rhythmus ein. Minona kroch es eiskalt den Rücken herunter.

Basilius griff einen Stock und klopfte auf den Boden, es wurde wieder still. Er sagte: „Heute, meine Freunde, feiern wir unsere Vermählung. Morgen aber, meine Freunde, morgen feiern wir ein größeres Fest... Nein, ich verrate nicht, was für eins."

„Kniet nieder", sagte der aussätzige Mönch. Er hielt ein Talglicht in der einen Hand und bekreuzigte sich mit der anderen.

Minona machte einen Schritt zurück und suchte nach einem Ausgang. Sogleich stellte sich ein anderer Aussätziger neben sie und flüsterte ihr zu: „Wir wollen noch nicht fort, wir wollen noch schmausen."

„Was denn schmausen?" fragte Minona.

Da lachte der Kranke auf. Eine Frau kam zu Minona und wollte ihre Hände greifen, aber Minona zuckte zusammen und verbarg die Hände im Rücken.

„Habt Mitleid mit uns", sagte die Frau. „Wir sind immer die Ausgestoßenen. Glaubt Ihr auch, daß wir Schuld auf uns geladen haben?"

„Nein“, log Minona. Aber in Wahrheit glaubte sie es doch. Sie wollte schnell weg hier. Die sollten sie in Ruhe lassen.
Basilius hielt die Hand der blinden Frau, der Priester murmelte Unverständliches, alle sahen gespannt zu.
Minona wich bis zur Mauer zurück. Basilius und seine Braut knieten sich hin, der Mönch segnete sie. Dann, als sie wieder aufgestanden waren, hielt Basilius einen silbernen Haarreif hoch.
„Dies ist das Geschenk für meine Braut“, sagte er triumphierend. Der Haarreif sah kostbar aus. Die anderen Aussätzigen riefen: „Hurra!“ und klopften mit den Krücken auf den Boden, als er den Reif ins Haar seiner Angetrauten drückte.
So als würde er eine Königin krönen, dachte Minona. Sie erkannte den Haarreif wieder. Dafür hatte sie einmal eine Information von Basilius erkauft.
Aber jetzt achtete niemand auf sie.
Rechts sah sie hinter einem Schuppen eine Leiter stehen. Schnell, nur schnell!
Sie machte einen großen Sprung und kletterte die Leiter hinauf, auf der anderen Seite der Mauer fiel sie herunter. Sie rannte um den Schuppen und blickte sich um. Niemand verfolgte sie. Vielleicht ließen sie die Aussätzigen auch einfach frei, hatten sie nur erschrecken wollen.
Minona mußte erst überlegen, wohin sie eigentlich gewollt hatte. Zu Lydia und Torger, um sie endlich zur Flucht zu überreden, auch Lydia und ihr Kind sollten mit.
Und jetzt?
Auf einmal schien es ihr nicht mehr wichtig zu fliehen. Sie bezweifelte, daß man dem Schwarzen Tod überhaupt entrinnen konnte.
Langsam kehrte sie um und ging nach Hause, verbarg sich

in der Dachbodenkammer vor der Außenwelt. Sie wollte nichts mehr sehen und hören.

Einen Tag später wollte sie dann zu Lydia gehen. Sie war noch nicht beim Neuentor angekommen, da kam ihr Torger schon auf der Wißstraße entgegen.
Als er vor ihr stand, sagte er geheimnisvoll: „Da vorn geht er, ich verfolg ihn , er will zum Neuentor."
„Wer?" fragte Minona.
„Du mußt mir helfen", sagte Torger.
„Aber wer ist das?"
„Versteh doch, da vorn geht der Bote. Er hat mich noch nicht entdeckt. Jetzt verschwindet er hinter dem Eckhaus. Schnell, komm!"
Torger rannte los, und Minona mußte mit.
Torger stoppte und spähte vorsichtig um die Ecke. Der Bote stand am Brunnen und wusch sich das Gesicht, dann redete er mit einem Stadtwächter.
„Du mußt ihn zu mir locken, irgendwie", sagte Torger.
„Das kann ich nicht!"
„Das ist ganz leicht", meinte Torger und erklärte ihr seinen Plan.
Minona wollte sich darauf nicht einlassen, doch Torger überredete sie und gab ihr einen Strick. Er wollte sich hinter Hornfelds Haus verborgen halten, und sie sollte den Boten dorthin locken.
Ich liebe Torger, dachte sie, während sie auf den Boten zuging. Aber ist das ein Grund, daß ich mich auf solche Sachen einlasse?
Sie ging quer über den Platz zum Boten und grüßte ihn sehr höflich.
„Bist du nicht aus Gerons Gästehaus, wo der päpstliche Gesandte zur Zeit wohnt?" fragte sie.

Der Bote nickte und fragte: „Was willst du von mir?"
„Mein Herr bittet Euch..."
„Welcher Herr?"
„Er hätte einen Sonderauftrag für Euch", sagte Minona leise und tat sehr geheimnisvoll.
„Aha", meinte der Bote nur.
„Für eine streng geheime Botschaft an den päpstlichen Gesandten will er Euch drei Goldtaler geben. Ich soll Euch bitten..."
„Wo sind die Goldtaler? Wo ist dein Herr?" fragte der Bote mißtrauisch.
„Nicht hier in aller Öffentlichkeit", sagte Minona. „Es darf ja niemand wissen."
„Ich hab wenig Zeit. Kenn ich dich nicht?"
„Nein", sagte Minona und sah ihn ganz erstaunt an. „Nun kommt, mein Herr wartet da hinter dem Haus."
Sie zeigte in den schmalen Weg zum Schuppen des Wächterhauses.
Langsam folgte der Mann ihr. Minona brachte ihn bis zum Schuppen. Als er den offenen Schuppen sah, drehte er sich wieder um. Aber genau das hatte Torger bedacht, er sprang aus seinem Versteck und drückte dem Mann sein Kurzschwert genau an die Kehle.
„Keine Bewegung, sonst...", drohte er. Der Bote erstarrte zu Stein.
Minona packte seine Hände und fesselte sie. Dann wollten sie ihn in den Schuppen ziehen, doch der Bote wehrte sich mit heftigen Fußtritten. Nur mit Mühe gelang es Torger, den Mann zu bezwingen und seine Füße zu fesseln.
Im Schuppen banden sie ihn an einen Pfeiler und knebelten ihn mit einem alten Lappen. Er konnte sich nicht mehr bewegen.
„Aber was machen wir jetzt mit ihm?" fragte Minona.

„Irgend etwas werde ich aus ihm herausbekommen“, sagte Torger. „Und damit bringe ich den Hochstapler zu Fall.“
„In drei Tagen soll die Übergabe sein“, fiel es Minona plötzlich wieder ein.
„Dann haben wir nur wenig Zeit“, sagte Torger und ging mit Minona ins Haus zu Lydia.

- 9 -

Das Wunder

Heymann und Minona gingen zur Marienkirche, wo nun endlich die Reliquie an die Stadt Dortmund übergeben werden sollte. Es war noch nicht spät, doch trotz des milden Frühlingsabends waren kaum Menschen auf dem Hellweg. Nur ein paar Schwalben fielen Minona auf, die sich Wasser aus den Pfützen und Löchern suchten, um damit ihre Nester unter die Dachgiebel zu bauen.
Sie sind nach Dortmund gekommen wie jedes Jahr, dachte Minona, obwohl der Schwarze Tod hier ist. Sie kümmern sich gar nicht darum. Irgendwie schien ihr das unbarmherzig.
„Wir wollen auf jeden Pomp verzichten, nur ein paar Kaufherren mit ihren Familien und ein Mönch", sagte Heymann. „In vier Tagen. Alles ist vorbereitet."
Minona schwieg.
Der Kaufherr sah sie kurz von der Seite an und fragte: „Was sagst du dazu?"
„Sollten wir nicht warten, bis die Seuche vorüber ist?" fragte Minona nachdenklich. Aber Heymann wollte davon nichts wissen, er schüttelte den Kopf und ging nur schneller.
Torger weiß nicht, daß ich verheiratet werden soll, und ich liebe ihn und Heymann liebe ich nicht, dachte Minona. Bald habe ich keine Kraft mehr.
So kamen sie zur Marienkirche. Kaufherr Geron und seine Frau begrüßten sie, und sie gingen zusammen hinein.

Am Eingang glaubte Minona für einen Moment, das verhüllte Gesicht des kranken Basilius zu erkennen. Sollte der Aussätzige sich wirklich hier in die Kirche getraut haben? „Ich wundere mich, daß die Reliquie ausgerechnet hier übergeben werden soll", sagte Heymann zu seinem Geschäftsfreund Geron. „Das ist doch die reinste Baustelle hier."

„Er wollte es ausdrücklich so", erklärte Geron.

Der Chor der Marienkirche sollte erneuert werden, und die Bauleute hatten gerade damit begonnen, die alten Mauern des Chores einzureißen. Als Minona in die Kirche kam, konnte sie aber von der Baustelle des Chores nichts sehen. Ein dunkler Vorhang hing zwischen Altar und Chorraum und verbarg die Gerüste. Im Kirchenraum herrschte ein großes Durcheinander, überall drängelten sich die Menschen, und Minona sah viele elende Bettlergestalten, Dirnen und Krüppel. Dazwischen standen feine Damen und Herren in Kettenhemden oder mit kostbaren Mänteln angetan, obwohl es nicht kalt war. An den Wänden brannten Fackeln. Minona trat auf Bauschutt, der überall herumlag. Keiner hatte sich die Mühe gemacht, ihn wegzufegen. Sie stolperte über einen Stein, Heymann hielt sie höflich am Ellbogen. Er ließ ihren Arm nicht mehr los und bahnte sich einen Weg nach vorn. Dort stellte er sich in die erste Reihe.

Da war er, der Hochstapler. Auch wenn er dabei war, einen großen Betrug zu begehen, war sie doch immer noch froh, daß der Dolch gar nicht vergiftet gewesen war, daß sie nicht zu seiner Mörderin geworden war.

Der päpstliche Gesandte stand mit dem Rücken zu der Menschenmenge, stolz ragte seine Gestalt vor dem Altar auf, zu seinen Füßen war das Reliquiar, daneben die Kiste, die Minona schon kannte. Sie enthielt das Gold, die Be-

zahlung für die Reliquie, der Gewinn aus diesem Betrug. Torger würde die Übergabe verhindern, dachte Minona. Sie suchte ihn. Er mußte hier irgendwo sein. Vor allen Augen wollte er den Hochstapler entlarven. Hoffentlich machte er dabei keine Dummheit.
„Ich bete darum, daß durch die Reliquie ein Wunder geschieht", flüsterte Geron Heymann zu, so laut, daß alle es verstehen konnten. Heymann rieb sich die Hände und meinte: „Gerade in diesen finsteren Zeiten könnte die Stadt ein Wunder wirklich gut gebrauchen. Ein Heilungswunder..." Und er lachte schallend.
Minona stellte sich auf Zehenspitzen und blickte in die dunkle Kirche, überall sah sie Köpfe, ein wogendes Durcheinander, eine Frau kreischte durchdringend, mehrere Mönche begannen einen Gesang.
„Nun fangt an", sagte Geron zum päpstlichen Gesandten. Der hob die Arme, als wolle er um Ruhe bitten, aber es kümmerte sich niemand darum.
Darauf stellten sich die Gildeherren um den päpstlichen Gesandten und das wertvolle Reliquiar. Geron hielt eine kurze Ansprache, der päpstliche Gesandte bekam das Goldkästchen, darauf wurde das Reliquiar vom Kirchenmeister auf den Altar gestellt und aufgeklappt, so daß die vergoldete Knochenhand im Kerzenschein erstrahlte.
Auf einmal wurde es ganz still in der Kirche.
Minona sah die Skeletthand, die so ehrfürchtig bestaunt wurde. Sie allein wußte, daß sie nicht von einem Heiligen stammte, sondern von einem Gehängten. Sie und Torger wußten das. Es empörte sie, und der Hochstapler stand mit dem Goldschatz in den Händen vor der Menge und lächelte spitz.
„So spricht David: Wende deine Plage von mir, denn ich vergehe, weil deine Hand nach mir greift. Wie nichtig sind

doch alle Menschen!" so schrie laut und vernehmlich ein Mönch aus der Menge.
Der Kirchenmeister warf einen finsteren Blick auf den Mann, der da im Hintergrund predigte. Ein anderer Mönch wollte ihn von seinem Podest ziehen, doch der Prediger wehrte sich, es kam zu einem Handgemenge.
„Er sagt doch die Wahrheit!" rief eine Frau.
„Wie soll denn in dieser Unordung ein Wunder geschehen?" fragte Heymann Geron. Der schüttelte mißbilligend den Kopf.
„Hört doch mit dem Gerede auf!" rief eine Frau von der anderen Seite des Kirchenschiffes. Sie war geschminkt und trug bunte Bänder um den Hals, sie fuchtelte mit den Armen. „Die Welt geht unter, so steht es geschrieben! Und also genießt es!" Sie lachte, und eine zweite Hübschlerin rief vergnügt: „Auf ihr Herren, nicht so zaghaft, es kann das letzte Mal sein."
Das fanden die beiden Frauen zum Schreien komisch, Männer umringten sie und verlangten, sie sollten ihre Kostbarkeiten doch mal vorzeigen. Niemand kümmerte sich um die Herren vor dem Altar.
Der päpstliche Gesandte blickte schweigend und streng über die Menge hin.
Einen Moment glaubte Minona, nun würde es wirklich still werden, aber der Lärm um die beiden Frauen, die sich scherzend anboten, wurde nur noch lauter. Ein Spielmann begann ein unanständiges Lied zu singen.
In einer anderen Ecke beim Portal wurden auch Stimmen lauter, die Leute klatschten in die Hände, es klang, als würden sie tanzen.
Noch immer sah Minona Torger nicht. Wenn er den Hochstapler entlarven wollte, mußte er es jetzt tun. Wo war er?

Der Hochstapler gab dem Kirchenmeister wieder ein Zeichen. Die Kaufherren und Mönche knieten sich hin und falteten die Hände zum Gebet. Sie kümmerten sich nicht um den Lärm im Hintergrund.
In dem Moment gab es einen Donnerknall hinter dem Vorhang. Es wurde wieder totenstill.
Und in diese Stille drang ein leises Geräusch, ein Rascheln, ein feines Reißen von Stoff. Die Menge hielt den Atem an und starrte nach vorn zum Altar, auch Minona stand wie gebannt da.
Sie sah es. An seiner obersten Kante riß der Vorhang ein, erst ein wenig, dann weiter... und mit einemmal riß der Vorhang entzwei.
Ungläubig starrten die Menschen zu den zwei Vorhangteilen. Dahinter kamen nun die ersten Lücken in der Chormauer und die Holzgerüste zum Vorschein.
„Der Vorhang riß!" sagte Geron ehrfürchtig. „Wie einst..." Er wurde unterbrochen.
„Die Hand!" schrie plötzlich eine Frau und zeigte aufgeregt nach vorn.
„Das Wunder ist geschehen", sagte Geron ehrfürchtig zu Heymannn und sank auf die Knie. „Da!"
Minona sah dunkelrote Tropfen in der Mitte der vergoldeten Hand. Der päpstliche Gesandte hielt seine Hände wie eine Schale und zeigte dem Kirchenmeister Blutstropfen auch in seinen Händen, und zwei Mönche wischten sich Tropfen von der Stirn, auch Heymann und zwei andere Kaufherren zeigten auf die Blutstropfen auf ihren Umhängen.
„Blut", sagte Heymann entgeistert.
„Wie der Vorhang im Tempel von Jerusalem", flüsterte ein Mönch neben Minona erregt. „Der zerriß, als die Stunde da war..."

Der päpstliche Gesandte und der Kirchenmeister stimmten leise einen Gesang an, ihre Stimmen klangen vor Ehrfurcht zittrig. Noch immer war die Menge wie gebannt. Doch nur noch für einen kurzen Moment. Plötzlich begann ein Flüstern und Rascheln, ein Füßescharren, und Minona merkte, wie sie weiter nach vorn geschoben wurde. Sie verstand nicht gleich, was los war. Die Menschen wurden unruhiger, der Gesang der Mönche ging in der Unruhe unter.
„Ein Wunder ist geschehen, und noch eins kann geschehen!“ schrie jemand.
„Die Reliquie wird mich heilen!“
„Ich will sie küssen!“
„Ich, zuerst ich!“
Jetzt drängelten sich die Menschen mit aller Kraft nach vorn. Sie wollten die Reliquie bestaunen und berühren, Lahme und Blinde und Kranke erhofften sich Heilung und kämpften sich nach vorn. Jeder wollte der erste sein, jeder wollte möglichst nah zu der heiligen Wunderhand. Minona wurde gegen den Kaufherren gestoßen und fiel zu Boden. Der Kaufherr riß sie hoch und drückte sie zur Seite.
Einen Moment sah Minona den päpstlichen Gesandten hoch erhoben vor dem Altar stehen. Er lachte schallend und schien seinen Spaß an dem großen Durcheinander zu haben, unter dem Arm hielt er das Goldkistchen festgeklemmt. Genau vor ihm stand der aussätzige Basilius und sprach auf den Hochstapler ein.
Dann wurde Minona wieder gestoßen und angerempelt, sie verlor den Hochstapler aus den Augen.
„Bloß weg hier“, sagte Heymann und zog sie mit sich, um den Altar herum in den Chorraum, wo auch schon die ersten Menschen durch die Lücke in der Mauer kletterten, um das Wunder zu sehen.

Heymann und Minona gelang es, über die Steine ins Freie zu gelangen.
„Die Menschen sind verrückt geworden", sagte Heymann und schnaufte. Er klopfte sich den Mantel ab, sogar in seinen Haaren waren Staub und Steinchen von der Baustelle. „Der Schwarze Tod hat sie völlig verrückt gemacht."
War das ein wirkliches Wunder? überlegte Minona. Aber natürlich nicht, dies Wunder gehörte zum Betrug des Hochstaplers, und alle fielen darauf rein.
„Hier sind tatsächlich Flecken auf meinem Umhang, Minona", sagte Heymann erschrocken und rieb sich den linken Ärmel. „Hat es denn Blut geregnet oder wie?"
Minona schüttelte den Kopf, sie wollte etwas sagen, behielt es dann aber für sich. Heymann würde ihr den Betrug des päpstlichen Gesandten doch nicht glauben.
Sie kniff die Lippen zusammen und überlegte, wie der Hochstapler dies angebliche Wunder vollbracht hatte. Es hatte nur noch ein Lahmer gefehlt, der plötzlich laufen kann.
„Glaubst du an dies Wunder?" fragte Heymann Minona.
Minona schüttelte verneinend den Kopf.
„Es spielt überhaupt keine Rolle, ob wir beide daran glauben oder nicht. Hauptsache die Menschen glauben daran, und der Schwarze Tod verschwindet jetzt", sagte Heymann. „In einigen Tagen sind wir verheiratet, dann haben wir das alles vergessen."

Einen Tag später hielt Frau Jopping Minona auf der Treppe an, sagte: „Vincent ist fortgegangen. Er sagte: ‚Ich will die Zeit, die mir noch bleibt, feiern...' Ich halt es nicht mehr aus, Minona. Nichts hab ich gehabt vom Leben."
Frau Joppings Augen glänzten fiebrig.
Sie ist krank, dachte Minona und erschrak darüber.

„Ich will... ich will...“, aber sie konnte nicht sagen, was sie wollte. Dann wechselte sie plötzlich den Tonfall und beschwor Minona: „Wir müssen büßen, Minona, büßen, sonst sind wir alle verloren!“
Sie blickte Minona streng an, dann sagte sie ganz ruhig: „Ich soll dir ausrichten, du möchtest möglichst bald kommen.“
Sie sah Minona fragend an, als erwarte sie eine Erklärung.
„Danke“, sagte Minona knapp.
„Sei vorsichtig, Minona. Die Zeiten sind gefährlich und voller Schrecken.“

- 10 -

Eisen im Feuer

Minona kam erst am nächsten Nachmittag dazu, unbemerkt aus dem Haus zu gehen. Sie beeilte sich sehr, um zum Neuentor zu kommen, doch als sie an der Ecke zur Grutstraße an der alten Linde vorbeikam, wurde sie von der jungen Nonne angerufen.

„Halt, mein Fräulein, halt!“ rief die Nonne durch die Äste des Baumes.

„Was ist?“ fragte Minona und blieb stehen.

„Wie war die Liebe mit ihm? Hat sie den Haß vertrieben?“

„Nein“, sagte Minona einfach.

„Dann hast du ihn nicht genug geliebt. Fällt dir was auf?“

Minona schüttelte den Kopf.

„Früher hab ich geweissagt, aber das tue ich nicht mehr, das ist Kinderkram, damit können sich die Hexen und Zaubermeister vergnügen. Fällt dir noch was auf?“

„Nein.“

„Der Baum ist wie eine Leiter. Ich bin einen Ast höher gestiegen, ha!“

Die Nonne lachte laut und vergnügt. Minona sah sie verwundert an, ihr selbst war nicht nach Lachen zumute, überhaupt nicht.

Sie ließ die Nonne im Baum und rannte bis zum Neuentor. Lydia öffnete auf ihr Klopfen, schloß die Tür hinter Minona mit einem Riegel fest zu.

„Er ist in der Küche“, sagte sie. „Meiner Mutter geht es nicht so gut...“

„Und der Gefangene? Und warum hat er den Hochstapler nicht entlarvt?“ fragte Minona gleich, doch Lydia gab ihr keine Antwort. Die beiden traten in die Küche. Es war düster, in der Feuerstelle flackerte ein niedriges Feuer, die Fensterläden waren zugeklappt. Torger hockte vor der Herdstelle und blies mit einem Blasebalg die Glut an. An der Rückwand saß Frau Hornfeld in einem hohen Stuhl, ein Talglicht stand neben ihr auf einer umgedrehten Kiste.

„Was ist denn passiert?“ fragte Minona, als sie vor Torger stand. „Die Hand ist verkauft, und du hast den Hochstapler nicht entlarvt und ...“

Torger stand langsam auf, er starrte ins Feuer und sagte: „Es war wie verhext, ich bin gar nicht bis zur Kirche gekommen.“

Minona sah in der Glut Eisenschuhe einer Rüstung liegen. Torger riß sich aus seinen Gedanken und erzählte Minona, was geschehen war.

Als er auf den Marktplatz gekommen war, fand er sich plötzlich von einer aufgebrachten Menschenmasse umgeben. Die Leute waren wie verrückt. In ihrer Mitte bewegte sich ein seltsamer Zug: Männer und Frauen und auch Kinder mit nackten Oberkörpern, die sich laut wehklagend mit Weidenruten gegenseitig heftig schlugen. Ihr Anführer, der schon blutüberströmt war, schrie: „Wir brauchen ein Opfer! Ein Sühneopfer! Wer opfert sich freiwillig?“

Zwei andere Männer schleppten eine alte Frau herbei, und wenn Torger nicht eingegriffen hätte, wäre die Frau ermordet worden.

„Sie schrieen immerzu, die Alte sei schuld“, erzählte Torger. „Man habe gesehen, wie sie Zeichen auf eine Türschwelle gemalt habe, und sie stecke immerzu bei den Kranken und beschleunige ihren Tod. Eine Hübschlerin des Schwarzen Todes sei sie. Und weißt du, wer das war?

Ich hab sie bisher nur einmal gesehen, aber ich habe sie sofort erkannt: Es war die Alte aus dem Kloster, die Katharina von Ares..."

„Die hast du gerettet?"

Torger nickte.

„Als ich zur Marienkirche kam, war alles schon geschehen. Die Leute schrieen das Wunder heraus, und immer mehr Kranke drängten in die Kirche. Sie haben sich sicherlich gegenseitig totgetrampelt. Ich hatte keine Beweise gegen den Hochstapler. Da noch nicht, leider. Aber gleich werd ich welche haben. Der Gefangene schweigt, und ich werd ihn zum Reden bringen. Willst du zusehen?"

„Was für Beweise soll er dir denn gestehen?" fragte Minona gespannt.

Lydia nahm ihr Kind auf den Arm und hörte ihnen zu, dann sagte sie: „Er hat ein paar eiserne Schuhe von einer alten Rüstung ins Feuer gelegt."

Minona verstand nicht, wozu.

„Außerdem will ich wissen, ob der Hochstapler mein Vater ist. Und wer meine Mutter gewesen ist. Ob sie noch lebt? Und warum hat er das nie zugegeben", sagte Torger erbittert.

„Aber das kann der Bote dir doch nicht sagen", sagte Minona.

„Etwas kann er mir bestimmt sagen, du wirst schon sehen, komm mit", sagte Torger. Er nahm mit einer Zange den Schuh aus dem Feuer und stieg damit die Leiter ins obere Stockwerk hinauf. Der Gefangene lag gefesselt auf den Holzbrettern in der Kammer.

Minona war ihm gefolgt und blieb in der Tür stehen.

„Jetzt wollen wir mal sehen, ob du nicht was zu sagen hast", meinte Torger und schwenkte den glühenden Schuh vor dem Gesicht des Gefangenen. „Du wirst mir alles verraten. Wie ihr das Wunder gemacht habt. Wo das Gold ist, und was der Hochstapler für weitere Pläne hat. Und damit dir das Sprechen leichter fällt, werde ich dir den Schuh anziehen, mein Lieber, dann kannst du tanzen und singen."

Seine Stimme klang so haßerfüllt, daß Minona ihn gar nicht wiedererkannte. Torger schien wie besessen. Er wollte den Gefangenen foltern, das fand Minona ungeheuerlich. Und unheimlich. Das war gar nicht Torger.

„Torger! Das darfst du nicht tun!" rief sie.

Torger sah sie an, dann sagte er leise: „Ich hab gar keine andere Wahl, wenn ich den Hochstapler bloßstellen will."

„Aber was soll dieser Bote dir denn schon sagen können?" fragte Minona beharrlich. „Du selbst kennst den Hochstapler doch viel besser, du hast jahrelang mit ihm zusammen gelebt, du..."

„Das verstehst du nicht", erwiderte Torger. „Ich brauch Beweise hier aus Dortmund, Beweise, die die Dortmunder Kaufherren und Ratsherren überzeugen. Nicht, was vor Monaten oder Jahren geschehen ist. Das interessiert hier keine Menschenseele. Solche Beweise kann ich nur von seinem Handlanger bekommen."

Minona sah Torger traurig an. Verstand er denn nicht, daß man einen Menschen nicht so quälen darf? Nur um etwas aus ihm herauszupressen.

„Und wenn ich dich darum bitte? Der Hochstapler hat seine Reliquie verkauft, hat sein Gold längst bekommen und wird Dortmund sowieso schnellstens verlassen. Laß ihn laufen..."

„Niemals!"

„Mir ist es ganz gleichgültig, ob die Reliquie falsch ist oder nicht", sagte Minona verzweifelt. „Ich möchte nur noch fort aus dieser verseuchten Stadt. Weit weg, wo es all das Schreckliche nicht gibt."

„Das Schreckliche gibt es überall, auf der ganzen Welt, das kannst du mir glauben. Ich hab genug davon erlebt. Der Schwarze Tod bleibt nicht ewig in der Hansestadt Dortmund. Und wenn ich ihn entlarve, sorge ich dafür, daß es einen Schrecken weniger gibt. Außerdem...“
Torger nahm den Schuh und blies ihn kräftig an, er glühte schon längst nicht mehr, sondern qualmte nur noch.
Lydia trat auf einmal ein und sagte in der Tür: „Meiner Mutter geht es nicht gut, ich hole die Gute Frau. Könntet ihr bei ihr unten in der Küche wachen?“
Minona sah sie dankbar an. Sie nahm einfach Torgers Hand und zog ihn hinter Lydia her bis in die Küche hinunter.
„Dann eben später“, sagte Torger achselzuckend. „Das Eisen war sowieso schon ausgekühlt.“
Lydia ging fort, Minona setzte sich auf einen Hocker neben dem Strohlager, auf dem sich die Kranke stöhnend und ohne Bewußtsein hin und her wälzte. Torger kam näher und betrachtete sie eindringlich.
„Kann man ihr das Sterben nicht leichter machen?“ fragte er.
Seinen Gefangenen will er foltern, und hier will er helfen, dachte Minona. Ich versteh ihn einfach nicht.
Sie holte vom Herd einen Becher mit Kräutertee.
Die Kranke trank zwar nicht, aber Minona befeuchtete ihre Lippen und kühlte ihre Stirn mit einem feuchten Tuch. Das tat ihr gut.
Es dauerte nicht sehr lange, bis Lydia mit der Heilerin zurückkam. Die Gute Frau brauchte die Kranke nicht lange zu untersuchen.
„Sie hat den Trost, daß sie bald im Paradies sein wird“, sagte die Gute Frau. Sie nahm die Hände der kranken Frau und hielt sie still und fest, bis der Tod sie aus den

Klauen der Seuche nahm und ihre Seele behutsam forttrug.
Wohin gehen die Toten wirklich? dachte Minona.
Torger stand ganz erstarrt und war erstaunt, wie schnell der Tod eingetreten war. Er war sehr betroffen, als er sich zur Feuerstelle umdrehte. Dort stocherte er gedankenlos in der Glut herum.
„Nun sind Johannes und ich allein“, sagte Lydia, sie hielt das Kind auf dem Arm fest. „Aber uns beiden passiert nichts“, sagte sie beschwörend. „Wir werden geschützt.“
„Wie schön“, sagte die Heilerin, schloß die Augen der Toten und verdeckte ihr Gesicht mit einem Tuch.
„Morgen komme ich, dann begraben wir sie“, sagte die Heilerin einfach. „Nicht im öffentlichen Grab, sondern richtig auf dem Friedhof. Ich kenne da jemanden...“
Sie nahm Lydia in den Arm, verabschiedete sich an der Tür und trat in die hereinbrechende Dunkelheit.
Plötzlich dröhnte ein lautes Krachen durchs Haus. Alle drei zuckten zusammen, Johannes schrie laut auf.
„Was war das?“ fragte Minona.
Torger schüttelte den Kopf. Dann rief er plötzlich: „Der Gefangene!“
Er stürzte ins obere Stockwerk, Minona ihm nach. Als er die Tür aufriß, sah er den Gefangenen, der aus dem aufgebrochenen Fenster kletterte und soeben verschwand. Er sprang hin, der Gefangene landete unten auf den Beinen, rappelte sich auf und rannte weg.
Torger wollte aus dem Fenster hinterher, aber Minona hielt ihn fest.
„Nicht!“ sagte sie.
Torger schüttelte sie ab und sagte, während er schon wieder nach unten stürzte: „Ich krieg ihn. Warte auf mich.“
Weg war er.

Minona und Lydia standen stumm in der Küche und blickten sich an. Johannes' Schreien verebbte langsam.

Viel später kam Torger ohne den Gefangenen zurück. Minona saß noch immer wartend an der Feuerstelle, Lydia und ihr Kind hatten sich oben schlafen gelegt. Torger setzte sich neben sie und ließ den Kopf mutlos sinken.
„Und?" fragte Minona. Torger zuckte mit den Schultern.
„Nichts!" sagte er mürrisch. „Der war sofort weg. Mir ist es ein Rätsel, wie der die Fesseln durchgeschnitten hat."
Minona wollte nicht sagen, daß es vielleicht besser so wäre. Sie schwieg und legte stattdessen ihren Arm um ihn.
„Ich mag dich", sagte sie. „Du bist eben kein Gefängniswärter und Folterknecht. Sonst wüßte ich nicht..." Sie beendete den Satz nicht.
„Ich weiß nicht, was ich bin", sagte Torger düster.
„Oben ist noch ein Lager frei", sagte Minona leise. „Komm mit mir."
Und Torger folgte ihr.
Sie legten sich zusammen auf das Stroh. Draußen sauste der Wind, eine Maus raschelte in der Ecke, und der aufgebrochene Fensterladen schlug gegen die Hauswand. Minona kuschelte sich in Torgers Arme.

Erst um Mitternacht schrak Minona auf. Sie hatte etwas geträumt, konnte sich aber nicht mehr daran erinnern.
„Ich muß nach Hause", sagte sie schlaftrunken zu Torger.
Der brummte etwas und blinzelte.
„Wohin willst du jetzt?" fragte er ungläubig.
„Nach Haus", sagte Minona, stand auf und zog sich Rock und Hemd wieder an.
Ich werde heute verheiratet, dachte Minona, aber sie sagte es Torger nicht.

„Der Mond scheint hell genug, ich find den Weg bestimmt“, sagte sie stattdessen, und leise ging sie hinunter, hinaus. Auf dem Platz vor dem Neuentor war es ganz still, nur eine Katze schlich an den Häusern entlang.
Minona hatte keine Angst, keine Angst vor dem Schwarzen Tod, keine Angst vor dem aussätzigen Basilius. Die Liebe mit Torger hatte sie stark gemacht. Sie ging, als wäre es heller Tag, und sie war auch nicht mehr müde.
Beim Marktplatz hörte sie aus einem Haus viel Lärm, Gelächter und Gesang, dort wurde ausgiebig gefeiert, sie machte einen Bogen darum.
Als sie zum Haus des Kaufherren kam, war das Tor verschlossen, sie konnte nicht auf den Hof. Gerade wollte sie ums Haus herum zur Gartenpforte, da kam jemand über den Hof mit einem Blendlicht. Sie wurde angeleuchtet, dann sagte der Kaufherr: „Gut, daß du kommst, Minona. Ich hab mir große Sorgen um dich gemacht.“
Der Kaufherr öffnete den schweren Eisenriegel und ließ Minona herein.
„Heute ist unser Hochzeitstag, und ich hätte die ganze Nacht auf dich gewartet. Wo warst du?“ sagte Heymann sehr ärgerlich. Er wollte Minona mit Vorwürfen überhäufen, aber sie unterbrach ihn.
„Lydias Mutter starb“, sagte sie nur.
Sie dachte an Torger, seine heftige Liebe zu ihr. Sich vorzustellen, daß sie schon morgen abend die Frau des Kaufherren sein würde, war ihr unmöglich.
„Leg dich schlafen“, sagte Heymann im Hausflur. „Es wird das letzte Mal in deiner Dachbodenkammer sein.“

- 11 -

Hochzeit mit Vagabunden

Als Minona am nächsten Morgen aufwachte, fühlte sie sich wunderbar. Im Halbschlaf war ihr Torger ganz nah gewesen. Da fiel ihr ein, was für ein Tag heute sein sollte. Mit einer leichten Handbewegung wischte sie die Gedanken daran einfach fort, sie sprang auf und blickte aus der Luke auf den Hellweg.

Es mußte noch sehr früh sein, nur ein allererstes Morgenlicht lag zwischen den Hauswänden. In einer Ecke rekelte sich ein Wesen, Minona konnte von hier oben nicht erkennen, ob es sich um ein Tier oder einen Menschen handelte. Der Morgen war von Vogelgesang erfüllt, ein Schwalbenpaar baute sein Nest direkt neben dem Dachfenster.

Ein schöner Tag, dachte Minona. Noch immer wollte sie keinen Gedanken daran verschwenden, was sie heute erwartete. Es gelang ihr erstaunlich gut.

Sie zog sich an und ging hinunter, über den Hof zur Küche. Die Köchin war noch nicht aufgestanden, Minona machte Feuer in der Kochstelle und kochte sich einen heißen Tee.

Frau Jopping kam und wunderte sich, daß die Köchin noch nicht aufgestanden war. Sie ging ins Haus und wollte Waltraut wecken, doch dann kam sie ganz bleich zurück.

„Sie ist nicht in der Gesindekammer und ihre Sachen auch nicht mehr“, sagte sie. „Und im Nebenhaus ist sie auch nicht. Ich kann sie nirgends finden. Sie ist bestimmt...“

Kaufherr Heymann kam in die Küche, er hatte auch schon nach der Köchin gesucht.
„Sie ist weg", sagte Frau Jopping, und es klang triumphierend. „Geflohen, weil sie nicht büßen wollte!"
„Wie soll das heute werden, wenn die Köchin nicht da ist?" rief Heymann aufgeregt. „Die ist ja neben der Braut die Hauptperson. Auch wenn nur wenig Gäste kommen. Es sollte natürlich etwas Besonderes geben."
„Was denn?" fragte Frau Jopping.
„Ich weiß es nicht", sagte Heymann und warf die Arme hoch. Er ging hin und her und wußte sich keinen Rat mehr.
„Wir werden es schon schaffen", sagte Frau Jopping. „Ich bin ja auch noch da und kenn mich aus. Ihr müßt mir sagen, wieviel Gäste kommen. Ich suche eine Tagelöhnerin, die mir hilft und..."
„Wirklich?" fragte Heymann.
Frau Jopping nickte.
„Was meinst du?" fragte Heymann Minona.
Minona sah von Frau Jopping zu Heymann, immerhin ging es um ihr Hochzeitsfest, aber sie fühlte sich völlig unbeteiligt.
„Wenn sie es tut", sagte Minona und zuckte mit den Schultern.
Frau Jopping ging gleich zum Hellweg, um eine Hilfskraft aufzutreiben.
Minona trank ihren Tee aus und ging mit dem Kaufherren ins Kontor.
„Am frühen Nachmittag werden der Mönch und die Gäste kommen. Du hast doch alles, was du brauchst?"
Minona nickte. Heymann hatte ihr ein Hochzeitsgewand nähen lassen, das in der leeren Kammer im zweiten Stock auf einem Hocker lag. Sie würde es anziehen müssen,

wenn ihr nichts einfiel, wie sie der Heirat entkommen konnte. Aber was sollte sie noch davor bewahren?
„Ich brauche nichts, danke", sagte sie leise.
„Freust du dich nicht?"
Minona sah ihn erstaunt mit großen Augen an. Hatte er noch immer nicht verstanden, daß sie ihn nicht liebte und ihn nur heiratete, weil sie keinen Ausweg wußte und ihr Geliebter einen Rachefeldzug führte, der ihm wichtiger war, als...
Da stürzten ihr die Tränen aus den Augen, sie drehte sich um und lief die Treppe hinauf in ihre Dachbodenkammer, wo sie sich auf die Felle warf und laut losheulte.
Heymann stand ganz ruhig und blickte zur Treppe. Er hielt ihre heftige Reaktion für die Laune eines jungen Mädchens, das sich noch nicht in die Rolle einer Braut gefunden hat. Er kniff die Augen zusammen und schloß die Tür.

Mittags holte Minona sich das Hochzeitsgewand und nahm es mit in die Bodenkammer. Nur dort wollte sie sich umziehen, und niemand sollte sie dabei stören.
Ihre trotzig- frohe Stimmung vom Morgen war verflogen. Vom Hellweg drangen laute Stimmen herauf. Minona beugte sich aus der Dachluke. Auf der Straße hielt ein Pferdefuhrwerk, das hoch mit Hausrat beladen war. Ganz oben auf dem Wagen saß ein kleines Mädchen, neben ihr die Mutter. Auf dem Kutschbock stand ein Mann und schwang seine Peitsche.
„Wagt es, uns aufzuhalten!" schrie er. „Zur Seite!"
Er ließ die Peitsche durch die Luft sausen, daß es knallte, die vier Männer, die den Wagen aufgehalten hatten, zogen die Köpfe ein. Sie drohten mit den Fäusten, zwei griffen nach den Pferden. Doch wieder zischte die Peitschenschnur durch die Luft, und die Angreifer wichen zurück.

Minona mochte den Streit nicht weiter verfolgen. Sie betrachtete das Gewand auf ihrem Fellager, es war aus feinstem hellen Baumwollstoff, mit Stickereien an den Säumen, vorn am Ausschnitt wurde es mit einer kostbaren Brosche zusammengehalten. Sie nahm die Brosche ab und hielt sie in der Hand. Sie wollte sie betrachten, aber da wurde ihr schwach zumute und sie mußte sich setzen. Ein grauer Schleier legte sich auf ihre Augen, sie konnte ihn nicht mit der Hand fortwischen. Jetzt sollte es wirklich ernst werden mit dieser Heirat, sie hätte es niemals für möglich gehalten. Sie zitterte am ganzen Körper und legte sich lang hin.

Sie atmete ruhig, dann ging es besser, und sie stand wieder auf. Die Brosche hielt sie fest umklammert. Langsam zog sie ihren alten Rock und ihr Hemd aus.

Von der Straße hörte sie wütende Schreie. Sie lief schnell zum Fenster, sah hinaus. Unten hatte der Mann mit der Peitsche seine Gegner an die Wand zurückgedrängt. Jetzt sprang er auf seinen Kutschbock und schlug auf die Pferde ein, das Fuhrwerk brauste davon. Die Mutter hielt ihre Tochter fest im Arm, die Ladung schwankte gefährlich.

Die abgeschlagenen Angreifer standen genau unter Minona. Wütend blickten sie sich um, als würden sie ein neues Opfer suchen.

Minona stützte sich mit der Hand ab, um besser sehen zu können, und da fiel ihr die Brosche aus der Hand, das Schmuckstück landete genau vor den Stiefelspitzen der Männer auf der Straße.

Erschrocken zog sie den Kopf zurück, blickte aber gleich wieder hinunter. Die Männer hoben die Brosche auf und bewunderten sie. Sie sahen zu ihr herauf. Minona zog den Kopf ein. Vor Schreck klopfte ihr Herz stark, und ihr wurde wieder schwindelig.

Sie müßte den Kaufherren bitten, die Brosche zurückzufordern. Die sahen aber nicht so aus, als würden sie das Schmuckstück ohne weiteres wieder hergeben. Aber es war nun mal geschehen, und sie konnte es nicht mehr ändern.

Minona wollte zuerst das Hochzeitsgewand überziehen...

Da spürte sie etwas unterm Arm. Sie faßte hin und fühlte die Schwellung. Die ein wenig dunkel verfärbte Stelle sah sie sofort. Oder war es ein Schatten? In der Kammer war es ziemlich dunkel. Und die Verdickung unter dem Arm bildete sie sich nur ein. Sie tastete mit einer Hand in die Leistengegend. Dort spürte sie auch etwas.

Erschrocken setzte sie sich aufs Lager.

Das konnte nicht sein. Das mußte etwas anderes sein. Vielleicht hatte sie etwas Giftiges gegessen? Oder sie hatte sich gestoßen.

Gestoßen? dachte sie. Ich hab mich nicht gestoßen. Ich weiß doch genug vom Schwarzen Tod, das sind seine Greifmale, schwarze Geschwüre.

Minona dachte das ganz ruhig. Sie überlegte. Gleich darauf schüttelte sie wieder ungläubig den Kopf und betastete die Verdickungen unter der Haut. Jetzt schmerzten die Geschwüre auf einmal sehr stark und waren nicht mehr wegzuleugnen.

Frau Jopping stand plötzlich in der Bodenkammer.

„Unten sind vier Halunken, die behaupten, du habest sie hereingebeten“, sagte sie, atemlos vom Treppensteigen.

Minona sah sie entsetzt an und hüllte sich ins Hochzeitsgewand.

Zum Glück war die Hofpforte verriegelt. Aber sie versuchen, sie aufzubrechen.“

„Was?“

„Sie schreien, der Schwarze Tod erlaube alles, und fordern

Einlaß. Sie wollen die schöne Frau sehen, damit meinen sie wohl dich. Und das ganze Haus plündern!"
Jetzt hörte es Minona auch. Schwere Schläge und laute Schreie.
„Heymann bewacht mit seinem Schwert den Eingang, und ein Knecht von Gerons hilft ihm. Sie haben kochendes Wasser auf die Kerle gegossen. Ich erhitze einen Kessel mit Fett. Das schütt ich ihnen auf den Kopf. Du sollst bitte kommen."
„Aber ich kann nicht", sagte Minona leise. „Das ist doch alles Wahnsinn... ist..."
„Das ist es. Komm, wenn du angezogen bist. Wir brauchen jede Hand." Frau Jopping stürzte davon.
Minona wollte erst zur Luke, aber sie hielt in der Bewegung inne und blickte ratlos ins Leere vor sich.
Und wenn schon, sollen die doch das ganze Haus plündern und anstecken, dann brennt alles in Schutt und Asche! dachte sie.
Sie legte sich aufs Lager und zerknüllte das Gewand.
Der Schwarze Tod hatte nach ihr gegriffen, hielt sie in seinen Klauen, es gab kein Entrinnen mehr.
Oder doch?
Ganz plötzlich schöpfte sie Hoffnung. Manches Opfer ließ er wieder los, mancher kam davon. Warum nicht auch sie? Honig sollte gut gegen die Pest sein, das hatte sie einmal gehört. Außerdem konnte sie zum Bader gehen und sich eine Salbe holen. Auf dem Markt wurden Heiltränke und Amulette zu hohen Preisen angeboten. Und außerdem...
Genauso plötzlich, wie ihre Hoffnung gekommen war, verließ sie sie auch wieder.
Sie mußte wohl sterben, das stand fest.
Ein Schrei zerriß ihre Gedanken. Minona sprang zum

Fenster. Gerade noch konnte sie die Vaganbunden wegrennen sehen, einer von ihnen schrie laut gellend. Der Kaufherr und das heiße Fett hatten sie in die Flucht geschlagen.

Gedankenleer legte sich Minona wieder hin. Sie wollte sich etwas ganz Schönes vorstellen, etwas... und nicht daran denken, nie mehr.

Es klopfte, Kaufherr Heymann kam gebückt in die Bodenkammer. „Ich hab sie verjagt", rief er stolz.

Er blickte sich um und meinte: „In was für Zeiten leben wir! Die Menschen werden einfach wie Tiere, die Zukunft zählt überhaupt nicht mehr für sie. Sie denken, alles ist erlaubt, und werden zu gewalttätigen Unmenschen. Wenn das Tor nachgegeben hätte, dann Gnade uns Gott. Sie dachten, hier gäbe es besonders viel zu holen."

Er setzte sich neben sie.

Minona überlegte ganz ruhig, ob sie es ihm sagen sollte oder nicht. Besser nicht.

„Jetzt werden die Gäste bald kommen", sagte Heymann. „Weißt du, wie sehr ich dich liebe?"

Auch wenn Minona gewollt hätte, in diesem Augenblick mußte sie es ihm einfach sagen, sie konnte nicht schweigen.

„Ich habe die Seuche", sagte sie.

Heymann sah sie an und lächelte.

„Ich liebe dich wirklich", sagte er noch, dann änderte sich sein Gesichtsausdruck ganz plötzlich. Er sah sie ungläubig an.

Minona wiederholte es.

Er konnte nicht glauben, was sie sagte, und schüttelte nur den Kopf. Bis sie ihm die dunklen Flecken unter den Armen zeigte.

Da war er betroffen, und fassungslos sprang er auf, setzte sich gleich wieder und schüttelte den Kopf.

„Das ist vielleicht etwas anderes“, sagte er. Es klang völlig mutlos.

Minona schwieg, sah ihn nur an. Und langsam begriff er die ganze Wahrheit, er nahm ihre Hände.

„Wir werden trotzdem heiraten“, sagte er leise.

„Nein“, sagte Minona. „Nein!“

„Aber...“, wollte er einwenden.

„Nein.“

Sie schwiegen. Heymann stand auf.

„Ich werd dich pflegen“, sagte er, mehr zu sich selbst. „Wir heiraten und ich pflege dich.“

„Nein. Laßt mich bitte allein“, sagte Minona.

Heymann beugte sich plötzlich zu ihr und sagte: „Ich hole den jüdischen Arzt!“

„Es gibt keinen jüdischen Arzt mehr in Dortmund, die sind alle vor den Plünderern und Mördern geflohen. Außerdem wissen die Ärzte auch nicht weiter.“

„Aber die Gute Frau kann ich holen?“

Minona nickte. Vielleicht kannte die wirklich eine Medizin?

Als er fort war, legte sie sich hin.

Ein Bild drängte sich ihr auf: das Massengrab, in dem sie den Pferdeknecht begraben hatten. In solch eine Grube würde man sie auch werfen.

- 12 -

Das rostige Schwert

Wie betäubt lag Minona da.
Den ganzen Tag lag sie so, regungslos, gefühllos. Heymann kam einmal und brachte ihr etwas zu trinken. Er hatte die Gäste wieder ausgeladen. Frau Jopping hatte er noch nichts von Minonas Krankheit gesagt, aber sie würde es ja doch erfahren. Die Gute Frau hatte er noch nicht auftreiben können. Er brachte Minona Wein in einer Kanne, sie rührte ihn aber nicht an, und der Kaufherr verließ sie ratlos und mutlos.
Es dämmerte schon, da sprang Minona plötzlich auf. Sie mußte zu Torger, sie wollte ihn sehen, nur sehen. Ihm ja nicht zu nah kommen, sonst könnte der Schwarze Tod auf ihn übergreifen. Zu Lydia mußte sie, sofort.
Hastig zog sie sich die Schuhe an, nahm ein Tuch und legte es sich so um den Kopf, daß sie niemand erkennen konnte. Mit klopfendem Herzen schlich sie aus dem Haus. In der Küche sah sie Frau Jopping in einem Topf rühren. Minona schlich durch den Garten und betrat den Wiesenpfad, sie rannte, so schnell sie konnte.
Als sie zur Wißstraße kam, griff eine ältere Frau nach ihrem Rock und hielt sie auf.
„Seht mein Kind“, sagte die Frau. „Seht, es hat verkrüppelte Arme, seht, ein Fuhrwerk rollte über die Ärmchen. Ihr könnt das Kind mieten.“
„Was soll ich?“ fragte Minona ungläubig.
„Ihr tragt es auf dem Arm und sammelt Almosen“, sagte die Frau.

„Almosen betteln?“
„Das Kind auf dem Arm erweckt großes Mitleid. Wenn Ihr genug habt, bringt Ihr es mir wieder.“
„Dafür vermietest du dein Kind?“ fragte Minona völlig fassungslos. „Seh ich denn wie eine Bettlerin aus?“
„In diesen Zeiten sehen alle wie Bettler aus“, sagte die Frau. „Ich habe noch mehr Kinder, die ich vermiete. Das Geschäft geht ganz gut. Und die Kinder sind versorgt und nicht hungrig, bestimmt nicht. Für alle eine gute Lösung, habt Ihr was dagegen?“
„Laß mich los!“ sagte Minona und machte sich mit einem Ruck frei. Sie rannte weg.
Am Neuentor angekommen, stoppte sie vor dem Fachwerkhaus des Torwächters. Sie hämmerte gegen die Tür. Lydia öffnete.
„Komm mir nicht zu nahe“, sagte Minona, sie betrat das Haus nicht. „Wo ist Torger?“
„Warum?“
Dann verstand Lydia und sagte: „Komm nur rein, mich und Johannes kannst du nicht anstecken.“
Sie hielt die Tür weit auf.
Minona ging in die Küche.
„Torger ist nicht da“, sagte Lydia und nahm Johannes aus der Wiege. Johannes strahlte über beide Backen, als er Minona sah. Minona winkte ihm zaghaft zu.
„Torger wollte irgendwohin“, sagte Lydia. „Ich glaube, in die Reinoldikirche.“
„Was will er in Reinoldi?“
„Er ist noch nicht lange weg, vielleicht holst du ihn ein. Er hatte erfahren, daß der päpstliche Gesandte dorthin kommt und... Du solltest dich lieber hinlegen.“
„Später“, sagte Minona.„Danke.“ Dann stürzte sie davon.

Die Stadt hatte sich verändert, langsam zwar, so daß Minona es zu Beginn gar nicht bemerkt hatte. Sie war zu sehr mit ihren eigenen Plänen beschäftigt gewesen. Jetzt aber war sie hineingezogen worden und gehörte unweigerlich dazu. Sie wurde mit in einen Abgrund gerisssen, ob sie wollte oder nicht. Außerdem hatte sie keine Kraft mehr, sich dagegen zu wehren.

Früher waren um diese Zeit auf den Straßen und in den Gassen viele Händler und Verkäuferinnen, deren Stimmen ein großes Durcheinander bildeten. Dazu kam das Geschrei der Tiere, der Bauern, der Fuhrleute und Reiter, und zwischendrin war die Signaltrompete eines Ausrufers hell ertönt. Jetzt war es still in Dortmund und dunkel, kein Fackelträger war auf dem Hellweg, nur schattenhafte Gestalten huschten vorbei, eingehüllt in Tücher, ängstlich und scheu. Dann kamen zwei Bahrenträger vom Marktplatz herauf, müde und teilnahmslos, Gehilfen des Schwarzen Todes.

Minona ging weiter zur Reinoldikirche hinüber. Schon beim Richthaus sah sie die vielen Menschen, die alle zur Kirche strömten.

„Was gibt es?“ fragte Minona einen Mann. Er gab ihr keine Antwort.

In der Kirche wurden in verschiedenen Ecken Totenmessen gehalten. Außerdem war vor dem Hauptaltar die wunderwirkende Reliquie ausgestellt, vor der sich die Menschen, kniend und um Rettung flehend, drängten. Die gefälschte Hand in dem vergoldeten Schrein wurde von drei Mönchen bewacht. Niemand durfte die heilige Reliquie berühren.

Dort würde sie Torger finden, dachte Minona und kämpfte sich bis zum Reliquienschrein vor. Sie warf nicht einen Blick auf die Fälschung, ihre Augen suchten den päpst-

lichen Gesandten und Torger. Aber sie konnte keinen von beiden entdecken.
Als sie in den Chorraum gelangte, entdeckte sie jemand anderes. Sie schlich näher zu der Nische. Von einer Säule verdeckt, konnte sie das Gespräch der Subpriorin mit dem Hochstapler belauschen. Vielleicht erfuhr sie etwas über Torger.
„Wir sollten sie an einen sicheren Ort bringen“, sagte die Subpriorin. „Wenn sie gestohlen wird! Unersetzbar. Am besten ins Katharinenkloster.“
„Zu Euch?“ fragte der Hochstapler.
Die Subpriorin nickte.
„Kommt vor die Kirche“, sagte sie dann und öffnete eine kleine Tür. Die beiden traten durch die Tür. Minona wartete einen Moment, dann drückte auch sie die kleine Tür langsam auf. Als sie draußen war, stand sie zwischen den Steinen und Sockeln des Friedhofs. Im Schatten eines Baumes standen die beiden. Minona schlich klopfenden Herzens näher. Sie sah, wie die beiden sich küßten.
Vorsichtig zog sie sich zurück.
Sie verbarg sich hinter einem Sockel, auf dem eine alte Rüstung stand, sogar das Schwert lehnte dort, angekettet wie ein alter bissiger Hund.
Die Subpriorin redete auf ihn ein. Minona traute sich nicht näher heran, so konnte sie nichts verstehen. Dann ging die Subpriorin fort, der Hochstapler stand überlegend im Halbdunkel. Minona wollte sich zurückziehen, allein mit dem gefährlichen Mann bekam sie Angst. Da legte sich eine Hand auf ihre Schulter. Vor Schreck riß sie den Mund auf, kam aber nicht zu einem Schrei, denn eine zweite Hand schloß ihr den Mund.
Jetzt hab ich ihn gefunden, dachte sie im zweiten Moment. Sie hatte die Narben an seinen Händen fühlen können.

„Beweg dich nicht“, flüsterte Torger ihr ins Ohr. „Jetzt hab ich ihn. Er ist mir so schön in die Falle gelaufen.“
„Was willst du machen?“ fragte Minona.
„Ich werde ihn zur Rede stellen und dann...“
„Tu's nicht“, bat Minona.
Aber Torger erhob sich, drückte sie sanft ins Versteck zurück und trat auf den Pfad. Mit drei großen Sätzen war er vor dem Hochstapler. Er hielt sein Kurzschwert hoch.
„Halt!“ rief er.
„Was soll das?“ fragte der päpstliche Gesandte.
Als er Torger erkannte, sagte er: „Ach so, du bist es mal wieder. Ich dachte, wir wären miteinander fertig.“
„Noch lange nicht“, sagte Torger.
„Hat dir dein letztes Tauchbad nicht genügt?“
Damit spielte er auf seinen Mordanschlag auf Torger an. Er hatte ihn, in einem alten Brunnen gefesselt, ersäufen wollen. Minona hatte Torger damals gerettet.
Torger packte den päpstlichen Gesandten vorn am Kragen und schüttelte ihn. Aber der gräfliche Gesandte war kein Schwächling, er stieß Torgers Hand zurück, daß dabei sein Umhang einriß, kümmerte ihn nicht. Er lachte laut, dann sagte er: „Du bist mir nicht gewachsen, Freundchen!“
Er versetzte Torger einen Stoß, Torger taumelte und stolperte gegen einen Grabstein.
Minona richtete sich auf. Wie zwei große Fledermausschatten, so sahen die beiden Feinde im Dämmerlicht des Abends aus.
Torger sprang auf und wollte sich auf seinen Gegner stürzen. Der wehrte ihn mit einem Fußtritt ab und sagte: „Also, was willst du, Gold?“
Torger blieb plötzlich stehen, sagte langsam: „Ich will wissen, wer mein Vater ist...ich...“

„Ach daher weht der Wind“, sagte der päpstliche Gesandte. „Das ist ja ein ganz verrückter Gedanke.“
„Ich werd Eure Machenschaften vor aller Welt bloßstellen“, schrie Torger wütend. „Ich werde die Fälschungen aufdecken, die der Hand und die anderen. Alle.“
„Bitte sehr“, sagte der päpstliche Gesandte. „Du bist ja nicht unbeteiligt gewesen, wenn ich mich recht erinnere.“
Torger schwieg, blickte zum Hochstapler, machte einen Schritt auf ihn zu, umlauerte ihn wie ein Raubtier seine Beute.
„Ich weiß jetzt, wie ich dich entlarve“, sagte Torger leise, nachdenklich.
„Hier in Dortmund kratzt du nicht an meiner Stellung“, erwiderte der Hochstapler.
Aber Minona merkte deutlich, der päpstliche Gesandte fühlte sich plötzlich sehr bedroht.
Torger hob die Faust mit dem Kurzschwert.
Da sprang der Hochstapler zur Seite und kam genau auf Minona zugelaufen. Am Grabsockel griff er sich das verrostete Schwert, riß es von der Kette und drehte sich damit zu Torger um.
„Nun verschwinde“, sagte er. „Ich könnte dich auch hier töten, aber ich verzichte darauf.“
Er ging rückwärts, drehte sich um und rannte plötzlich sehr schnell fort.
„Ich muß ihm nach!“ rief Torger zu Minona.
„Ich muß mit dir reden, das ist wichtiger.“
„Ich komme zu Lydia oder in deine Bodenkammer“, rief Torger, dann nahm er die Verfolgung auf.
Weg war er.
„Es ist alles aus“, sagte Minona in den Abend hinein. Er hat nur seine Rache im Sinn, ich zähle ja nichts, dachte sie.
Sie ging an der Kirchenmauer entlang bis zum Eingangs-

portal, wo noch immer großes Gedränge herrschte. Sie ging zum Hellweg und ließ die Schultern hängen.
An der Ecke zur Judengasse fühlte sie sich auf einmal ganz schwach, sie schüttelte sich vor Kälte. Aber innerlich verbrannte sie. Sie konnte keinen Schritt mehr weiter.
Sie sackte an der Hauswand zu Boden und schloß die Augen.
Ein Fuhrwerk blieb auf dem Hellweg stehen. Minona öffnete mühsam die Augen.
Ein Stadtsoldat ging vorbei, beachtete die kranke Gestalt, die da am Boden kauerte, nicht.
Minona schloß die Augen und wurde bewußtlos.

- 13 -

Die Büßerin

Die ganze Nacht lag sie dort an der Hauswand, niemand beachtete sie. Einmal strich eine Katze um sie herum und stieg vorsichtig über ihre Beine hinweg.
In aller Frühe kamen vier Knechte und zwei Stadtsoldaten in Kettenhemden und mit ihren Lanzen und Schwertern. Zwei der Knechte hatten sich vor einen Wagen gespannt und zogen ihn mühsam den Hellweg entlang.
„Weiter, weiter!" schimpfte der eine Soldat und schlug mit der Lanze gegen den Wagen.
„Schneller, ihr faules Pack!" schrie der andere.
Die beiden anderen Knechte mußten die Leichen aufladen, die in den Straßen und Hauseingängen lagen.
„Ich mach nicht mehr mit", flüsterte der eine Knecht. „Ich bin Baugehilfe und kein Leichenschlepper. Ich hau ab, kommst du mit?"
Der andere blickte über die Schulter zum Stadtsoldaten und sagte: „Das hat doch keinen Zweck, an der nächsten Ecke erwischen sie uns."
„Mich nicht."
„Was quatscht ihr da?" rief der erste Soldat und kam näher. „Vorwärts! Da vorne liegt noch eine", sagte er und zeigte mit seiner Lanze auf Minona.
Murrend gingen die beiden Knechte zu ihr und hoben sie auf. Sie trugen sie an Händen und Füßen und warfen sie mit einem Schwung hinauf. Der Leiterwagen rumpelte den Hellweg entlang.

Es wurde heller, ein neuer Tag begann.
Eins der Räder stieß gegen einen Randstein, von dem Stoß wurde Minona wach.
Sie rieb sich die Augen und sah neben sich einen Arm, zwei Füße, das Gesicht eines Toten. Erschrocken richtete sie sich auf.
Was war geschehen? Sie lag zwischen lauter Leichen. Sie wollte aufstehen, da rutschte sie vom Wagen und fiel auf den Erdboden. Davon wurde sie vollends wach. Sie blickte sich um, aber sie konnte sich an nichts erinnern. Ein Knecht kam um den Wagen herum und wollte den verlorenen Leichnam wieder aufladen. Als er Minona sah, grinste er breit und meinte freundlich: „Mein Fräulein, das war ja wohl ein Versehen!“ Er machte eine Verbeugung, und der Wagen rollte weiter.
Sie blickte dem Totenkarren hinterher. Aber daß sie dort oben gelegen hatte, das wußte sie in ihrem Fieberwahn schon nicht mehr.
Sie war in der Nähe von Heymanns Haus gelandet.
Wankend ging sie zum Torgitter, es war nicht geschlossen. Auf dem Hof stand wieder ein Frachtwagen, der von zwei Nonnen des Katharinenklosters und Heymann beladen wurde, sie trugen Säcke aus dem Lagerhaus. Die Subpriorin stand händereibend dabei.
„So, das ist alles, was ihr haben könnt“, sagte Heymann.
„Vielen Dank!“ sagte die Subpriorin. Sie zog sich zum Kutschbock hoch, griff die Zügel und schnalzte, das Pferd zog an.
„Jetzt haben wir genug für die nächsten Wochen, habt Dank Kaufherr Heymann!“ rief sie. „Ich werde das Kloster verschließen lassen, und wir werden in Sicherheit leben, bis diese Strafe Gottes, diese Seuche, vorüber ist, denn uns und unser Kloster wollte er bestimmt nicht strafen.“

„Viel Glück und Gottes Segen“, sagte Heymann trocken.
Der Wagen rollte zum Tor hinaus, an Minona vorbei. Jetzt erst entdeckte Heymann sie.
„Minona!“ rief er, griff sie an der Hand und zog sie ins Haus.
Frau Jopping versperrte das Tor.
„Wir sollten das auch tun“, sagte sie laut. „Niemanden hereinlassen und nicht hinausgehen, dann kann uns der Schwarze Tod nichts anhaben. Und büßen müssen wir!“
Benommen ging Minona mit dem Kaufherren, ließ sich ohne Widerstand in sein Zimmer bringen. Heymann legte sie auf das Prunkbett in dem schönen Zimmer, in dem Minona eigentlich als seine Frau hätte einziehen sollen. Sie bemerkte es gar nicht.
„Minona, wo kommst du her? Ich hab Angst um dich gehabt. Du mußt dich hinlegen. Die Gute Frau war da und hat eine Salbe dagelassen. Die sollst du auf die kranken Stellen tun“, sagte Heymann. Er deckte sie sorgfältig mit einer Felldecke zu, knöpfte ihr das Hemd auf und wischte ihr den Schweiß von der Stirn.
Sie hatte Durst, großen Durst. „Wasser“, bat sie leise.
Heymann sprang sofort auf und holte einen Becher mit Wasser.
Minona trank gierig. Das tat gut.
Plötzlich stieß sie Heymanns Arm zur Seite. In ihrem verwirrten Geist hatte sie den Hochstapler gesehen, der mit einem rostigen Schwert auf sie zustürzte.
„Was ist?“ fragte Heymann erschrocken. „Du träumst ja, Minona.“
„Wo ist Torger?“ fragte sie. Ihre Lippen waren so trocken und rissig, und alles tat ihr weh.
„Aber Torger ist doch längst aus der Stadt fort“, meinte Heymann. „Der kann dir nichts tun.“

„Nein, nein!“ rief Minona verzweifelt. „Ich muß zu ihm, er wollte mir... er wollte kommen.“
„Später, später“, sagte Heymann besänftigend.
Minona lag erschöpft da und glitt in einen fiebrigen Traum. Heymann betrachte sie eine Weile, dann ging er.
Etwas später kam Frau Jopping ins Zimmer. Sie blieb in der Tür stehen und blickte zu Minona. Sie sah merkwürdig aus. Ihre Haare hingen aufgeknotet und strähnig bis auf die Schultern, ihre Bewegungen waren fahrig, ihre Augen glänzten ungesund. Ganz anders als vorhin noch, als habe sich ihre Person mit einemmal verändert.
„Dich hat es auch erwischt!“ sagte sie leise, in einem Tonfall, der völlig neu an ihr war. „Alle wird es erwischen, wenn wir nicht wahrhaft büßen, Minona. Sieh, was ich hier habe.“
Sie machte einen Schritt ins Zimmer und zog hinter ihrem Rücken eine Art Peitsche aus mehreren Hanfseilen hervor, in die Eisennägel geknotet waren, und schwang sie vor dem Gesicht. Sie lachte verlockend.
„Ich geh zu den Geißlern, den Büßern, ich halte es in diesem Totenhaus nicht mehr aus. Ich werde büßen, ich! Für all eure Sünden und dann... das ewige Leben.“
Sie schwang die Peitsche, drehte sich einmal im Kreis, riß sich plötzlich das Hemd vom Leib und schlug sich die Hanfschnüre auf den nackten Rücken. Sie kreischte laut: „Wonne, Wonne, Wonne!“
Heymann hatte ihr Gekreisch gehört und kam aufgeregt angerannt. Aber als er Frau Jopping sah, diese sonst so besonnene und ruhige Frau, die so lange, ohne aufzufallen, in seinem Haus gelebt hatte und die ohne Murren alles getan hatte, was man von ihr verlangte, blieb er erschrocken stehen. Er starrte sie ungläubig an.
„Was soll das?“ fragte er.

Da machte Frau Jopping einen krummen Buckel wie eine Katze und kam einen Schritt auf Heymann zu. Das Blut rann ihren Rücken herunter und tropfte auf die Dielen.
„Der Kaufmann“, flüsterte sie, „der sollte zuallererst büßen.“
Sie drehte sich um und wollte fort, doch bevor sie verschwand, sagte sie zu Heymann: „Besser Ihr laßt die da liegen und verschwindet mit mir. Ich sags Euch, der Schwarze Tod läßt niemanden aus, der nicht büßt.“
Dann war sie wie ein Spuk verschwunden.
„Wo will sie denn hin?“ fragte Heymann.
Und nach einer langen Pause sagte er: „Jetzt sind wir allein im Haus, Minona.“
Er setzte sich auf einen Scherenstuhl, stützte den Kopf in die Hand und starrte ins Leere.
Sehr lange saß er so, regungslos, dumpf, unfähig, etwas zu tun. Erst gegen Mittag ging er in die Küche und holte Brot und Honig. Als er Minona davon zu essen geben wollte, drehte sie den Kopf zur Seite, sie war viel zu erschöpft, um zu essen, und sie hatte keinen Hunger.
Heymann brach sich etwas Brot ab und kaute lustlos.
„Was mach ich jetzt?“ fragte er ins Leere.
Der Tag verging langsam.
Gegen Abend schien es Minona etwas besser zu gehen. Heymann gab ihr zu trinken, und jetzt aß sie zwei Bissen.
„So sterben wir wie die Fliegen“, sagte Heymann plötzlich und brach in Tränen aus, aber Minona merkte nichts davon, sie war in ihren Träumen bei Torger und kletterte mit ihm über den Stadtwall. Sie wollte fliehen, mit Torger, fort, weit, weit fort.

Die Nacht brach an, Heymann ging im Dunkeln auf und ab und murmelte vor sich hin, während Minona dalag und sich nicht rührte. Wenn sie jetzt gestorben wäre, hätte es Heymann nicht gemerkt, so sehr war er mit seinen eigenen Gedanken beschäftigt.

Am nächsten Morgen holte Heymann einen großen Krug Wasser, dann wickelte er sich in eine Decke und legte sich auf den Boden an die Wand. Sich neben Minona aufs Bett zu legen, das traute er sich nicht, als verspüre er Ehrfurcht vor der kranken Minona.

Auch ihn hatte der Schwarze Tod gepackt.

Die beiden Kranken lagen den ganzen Tag im Halbschlaf und Fieber, sie wußten nichts mehr voneinander.

- 14 -

Die Seuche

Die ganze Stadt lag im Seuchenfieber und glühte vor Krankheit. In den Kirchen flehten Gläubige um Gnade, Mönche und Nonnen geißelten sich und rutschten auf den Knien bis vor die Altäre. In den Schenken tobten sich die Menschen in ihrer Todesfurcht aus. Es gab für sie keine Zukunft mehr, und damit fielen die Schranken, hemmungslos wurde die Gegenwart verschlungen, für die meisten von ihnen gab es kein Morgen mehr. Die Totengräber schaufelten sich ihre eigenen Gräber, es blieb niemand mehr übrig, die Toten zu beerdigen. Sie blieben liegen, wo sie starben. Hie und da schlichen vermummte Gestalten durch die Straßen. Manche hatten ihr Gesicht hinter Masken versteckt, andere trugen Räuchergefäße vor sich her, die Weihrauchschwaden sollten sie vor dem Schwarzen Tod schützen. Dann brach plötzlich eine Schar betrunkener Männer und Frauen aus einem Haus, und sie taumelten singend, lachend und richtungslos über den Marktplatz, um einen Ort zu suchen, wo sie weiterfeiern oder sterben konnten.

Die Bauleute hatten ihre Arbeitsstellen verlassen, Wohnhäuser verödeten, Fenster wurden mit Brettern vernagelt, Türen versperrt, und man wußte nicht, ob der Tod oder ob Sterbende in den Häusern umhergingen. Lagerhäuser wurden von Horden von Bettlern geplündert, Ställe leergeräumt und Tiere auf offener Straße geschlachtet, gebraten und verspeist.

In anderen Häusern hausten Ratten, Hunde und Bettler, die der Schwarze Tod bisher verschont hatte.
Aber es gab auch Menschen, Beginen, Nonnen und Mönche, die ganz vereinzelt durch die Gassen und Straßen gingen und halfen, wo sie konnten. Sie hatten keine Angst vor dem Schwarzen Tod, und viele steckten sich an und starben. Aber immer wieder gab es einen anderen, der einem Kranken Wasser gab. Dazu gehörte die Gute Frau, die sich unermüdlich um die Kranken kümmerte und immer wieder neue Möglichkeiten fand, Kräuter für ihre Salben und Tees zu bekommen, die keinen Weg scheute, um zu helfen. Den randalierenden Geißlergruppen wich sie geschickt aus, denn sie konnte nie sicher sein, ob sie sich nicht plötzlich ein Opfer für ihren Haß suchten.
Am Neuentor war es still geworden, die Walkhämmer draußen vor dem Tor waren verstummt, das Tor selbst stand weit offen, es wurde nicht mehr bewacht.
Torger kam aus dem Haus, er hatte bei Lydia übernachtet. Er machte sich Sorgen um Minona, die er seit dem Kampf auf dem Reinoldifriedhof nicht mehr gesehen hatte. Er wollte zu ihr.
Es ärgerte ihn sehr, daß er seinem Ziel, den Hochstapler zu entlarven, noch keinen Schritt nähergekommen war. Er ging zum Marktplatz, über den Hellweg zu Heymanns Haus.
Das wirkte verlassen wie viele Häuser. Im Stall rumorten die beiden Pferde unruhig, sie hatten kein Futter mehr bekommen. Von der Rückseite des Gartens her waren Schweine eingebrochen und wühlten zwischen den Beeten herum, und von den Wiesen beim Dominikanerkloster war das Gebrüll der Rinder zu hören.
Torger drückte die Gitterpforte auf und sah sich um. Niemand war zu sehen, auch in der Küche fand er keine Kö-

chin und keine Frau Jopping. Nur einen alten Kanten Brot fand er, von dem er sich etwas abbrach.
Schnell ging er zum Haus, die Tür war nicht verschlossen, und zuerst stieg er ins Dachgeschoß, doch Minona war nicht in ihrer Kammer.
Als er die Treppe wieder herunterkam, blieb er vor dem Hausaltar stehen und lauschte. Es war nichts zu hören. Vorsichtig drückte er die Tür zu Heymanns Zimmer auf. Er sah die offene Tür zum Nebenzimmer, war mit zwei großen Schritten dort und fand Minona auf dem Prunkbett und Heymann auf dem Fußboden, in eine Decke gewickelt.
Torger beugte sich zu Minona.
Einen Moment befürchtet er, daß sie tot wäre. Aber dann sah er, wie ihr Augenlid ganz leicht zuckte. Er atmete auf. Sie hatte die Seuche, ganz sicher, aber sie war noch nicht tot.
Er würde sie retten. Aufgeregt nahm er ihre Hand. Sie fühlte sich heiß an.
„Minona", sagte er leise. „Ich bin da, ich helfe dir. Mach dir keine Sorgen mehr."
Er legte seinen Kopf nah an den ihren und schmiegte sich an sie, ganz fest. Sie sollte spüren, wie sehr er sie liebte.
„Minona", sagte er zärtlich. „Hab keine Angst, ich paß auf dich auf, ich... Ich mach dich wieder gesund."
Nur wie sollte er das anstellen? Er hatte keinerlei Idee.
Torger sah nach dem Kaufherren, dessen Gesicht und Haare schweißnaß glänzten.
„Geh weg!" sagte Heymann, als Torger die Decke etwas lockern wollte. Seine Stimme klang rau wie ein Reibeisen. Heymann hatte ihn überhaupt nicht erkannt.
„Ich mach keine Geschäfte mehr", flüsterte Heymann. „Ich geb mein Geschäft auf und gründe einen Orden. Ein

besseres Leben, für alle... niemals zu spät. Ich bereue alles."

Torger ließ ihn in Ruhe, zuerst wollte er sich um Minona kümmern.

Er wollte die Gute Frau suchen. Lydia hatte von dieser Salbe aus Honig und Kräutern erzählt, die wahre Wunder bewirken konnte, er...

Plötzlich überkam ihn ein Schwindel, er verlor das Gleichgewicht und fiel vor Minonas Bett hin. Er brauchte ein paar Minuten, um zu begreifen, was geschehen war. Verwundert und verärgert schüttelte er den Kopf und wollte wieder aufstehen, doch es ging nicht. Er hatte nicht mehr genug Kraft dazu.

Was ist denn mit mir auf einmal los? überlegte er noch ganz ruhig. Dann dämmerte es ihm. Hastig tastete er nach den Geschwüren unter dem Arm, und er konnte sie fühlen.

Das war los.

Langsam setzte er sich auf und holte tief Luft.

Nein, nein, das konnte er jetzt nicht glauben, er täuschte sich. Bisher hatte der Schwarze Tod ihm nichts anhaben können, und so, wie Lydia durch ihr Kind gegen die Seuche geschützt war, so war er durch...

Gab es denn überhaupt einen Schutz gegen den Schwarzen Tod?

Noch einmal fühlte er nach den Geschwüren, aber sie fühlten sich nicht weniger dick an.

Lamgsam stand er auf, der Schwindel war vergangen.

Er mußte zuallererst Minona retten, dazu brauchte er die Salbe.

„Ich gehe fort und komme gleich wieder", sagte er zu Minona, die ihn nicht hörte.

Torger lief in größter Hast fort. Wie ein Irrsinniger rannte

er auf die Straße zum Marktplatz, trank aus dem Brunnen, denn er hatte schrecklichen Durst.
Eine Magd von Gerons stand beim Brunnen und erkannte Torger, sie sagte: „Gerons sind fort, alle, abgehauen, auch Magdalena, und ihre Singvögel hat sie auch mitgenommen. Die haben es richtig gemacht. Nur mich haben sie hiergelassen."
Torger sah sie ausdruckslos an, verstand gar nicht, von wem sie da redete.
Dann hatte er vergessen, daß er die Gute Frau suchen wollte, er kehrte zum Hellweg zurück, wich drei Gestalten aus, die offensichtlich auf eine Beute lauerten und lief, bis er atemlos in Heymanns Haus zurück war. Nur zurück, zu Minona wollte er jetzt.
Aus der Küche holte er sich einen Krug, füllte ihn mit Wasser und ging damit ins Zimmer der beiden Kranken. Er wollte zuerst Heymann zu trinken geben, doch plötzlich überfiel ihn eine solche Mutlosigkeit, daß er keine Kraft mehr hatte, Heymann den Becher an den Mund zu halten. Er setzte sich auf das Bett und betastete noch einmal die Geschwüre in der Achselhöhle.
Er brauchte sich nichts mehr vorzumachen, das war der Schwarze Tod, der in seinem Körper steckte. Er würde sterben wie all die anderen. Er lachte höhnisch auf.
„Dreihundertundfünfzig Bürger haben Pest und sieben Pfund Salbe reichen aus für achtzig Bürger. Wieviel werden sterben?" rechnete er laut vor sich hin.
Sein Hohn war unecht, langsam kroch die Angst hervor, die Angst, sterben zu müssen. Verzweifelt wollte er wieder fort, fort aus diesem Haus. Hier herrschte der Schwarze Tod, nur hier, und Heymann hatte schuld, daß Minona und er sich angesteckt hatten.
Torger ging zu Heymann. Da lag er, der Verbrecher. Er

müßte ihn aus dem Haus schaffen, ihn in ein tiefes Loch werfen.
Er verwechselte etwas: Heymann war nicht der Hochstapler, den er bekämpfte, Heymann war vom Schwarzen Tod gezeichnet. Wie er selbst.
Torger versuchte, einen klaren Gedanken zu fassen. Er legte sich auf das Prunkbett. Es gelang ihm noch, die Stiefel auszuziehen, dann lag er völlig erschöpft da.
Sterben ist etwas für Alte oder Feiglinge, dachte er. Und den Gedanken fand er so lustig, daß er laut auflachte. Er drehte den Kopf auf die Seite.
Minona lag neben ihm und würde auch sterben, alle würden sie sterben. Und er hatte die meiste Angst davor.
Er weinte wie ein kleines Kind und kuschelte sich an Minona.

So fand Lydia am nächsten Tag die drei Kranken. Sie trug Johannes im Tragetuch mit sich und war guter Dinge. Erst als sie sah, wie schlimm es um Minona, Heymann und Torger stand, wurde ihr Gesicht düster.
„Was machen wir denn da?“ fragte sie ihren kleinen Jungen, der sich in der fremden Umgebung mißtrauisch umsah und laut schrie, als er die Kranken auf dem Bett liegen sah.
„Du brauchst keine Angst zu haben“, sagte Lydia zu Johannes. „Du kennst doch Mamas Lieblingslied?“
Und sie sang es ihm leise vor: „Der Schwarze Tod, der Schwarze Tod, der kann uns nicht berühren, wir wollen ihn, wir wollen ihn mal an der Nas’ rumführen.“
Das beruhigte den Kleinen, und er lachte gleich wieder.
„Wir geben ihnen zu trinken und holen ihnen was zu essen“, sagte Lydia.
Sie betrachtete mitleidig Torger und Minona, die vor sich

hindämmerten, ohne noch zu ahnen, wo sie waren und wer da neben ihnen lag.
„Die lieben sich“, sagte Lydia zu Johannes. „Weißt du, das lernst du auch noch kennen. Das ist das Schönste, was es gibt. Sonst würde sich ja alles gar nicht lohnen. Und das Größte. Ich hab mal deinen Papa geliebt. Aber das ist lange her, lange...“
„Und es ist auch das Schwierigste“, fügte sie nach einer Pause nachdenklich hinzu.
„Und wenn man sterben muß, hört es dann auf?“ fragte sie den Kleinen, aber der antwortete nicht.
Sie flößte den drei Kranken Wasser ein. Heymann konnte richtig schlucken, doch Minona und Torger gaben keine Regung von sich, das Wasser lief ihnen aus dem Mund und bildete eine Pfütze auf dem Bett.
Die machen es nicht mehr lang, dachte Lydia nüchtern, sie ging schnell weg. Zuerst in die Küche, wo sie nichts zu essen fand, auch der Vorratskeller war leer, als hätten Diebe alles mitgenommen.
Sie lief nach Hause zum Neuentor, packte Haferbrei, Brot und frische Kräuter ein, die sie am gleichen Tag gepflückt hatte, und machte sich wieder zu Heymann auf. Aber sie rechnete nicht mehr damit, einen von den dreien noch am Leben zu finden.

- 15 -

Der Unschuldige

An der Ecke zur Grutstraße wurde Lydia von einer Stimme angerufen, die aus der alten Linde kam. Sie ging näher und suchte zwischen den Blättern und Blütenständen und entdeckte die junge Nonne, die sehr viel höher geklettert war. Die Nonne wippte auf einem Ast. Ihre Kleider waren zerfetzt, aber sie machte einen zufriedenen Eindruck, sie winkte Lydia fröhlich zu.

„Der Baum“, sagte die Nonne, „der Baum wächst zum Himmel, und ich wachse mit. Aber der Baum ist ja auch nur eine Stufe auf der Leiter...“

Noch eine Verrückte, die vor der Seuche flieht, dachte Lydia und ging weiter.

Doch sehr weit kam sie nicht, denn sie traf Katharina von Ares. Sie kannte die alte Frau aus dem Kloster durch Minonas Erzählungen. In der letzten Zeit war sie ihr öfter begegnet, und sie wußte, daß sie sich um die Kranken kümmerte.

Lydia sprach die Frau an: „Darf ich Euch bitten, mit zu Minona zu kommen? Die kennt Ihr doch?“

„Minona? Die Tochter von Heymann?“ fragte Katharina von Ares. „Was ist mit ihr?“

„Sie braucht Eure Hilfe, sie ist krank wie alle. Ich bring ihr was zu essen. Auch der Kaufherr und Torger sind krank und werden wohl bald sterben.“

„Ich bin müde, mein Kind“, sagte Katharina. „Ich hab die ganze Nacht gewacht und wollte... Also gut, ich komme mit.“

Sie ging neben Lydia her, schweigend und ernst. Lydia sah sie scheu von der Seite an.

„Es ist eine weise Frau“, sagte sie ganz leise zu ihrem Kind auf dem Arm. „Aber jetzt sieht sie nur alt und erschöpft aus.“

Als sie ins Krankenzimmer kamen, lag Torger vor dem Bett. Er war herausgefallen und konnte vor Schwäche nicht mehr zurück. Katharina von Ares untersuchte zuerst Minona.

„Wenn sich die Geschwüre öffnen, kann sie vielleicht überleben“, sagte die alte Frau. Danach hob sie mit Lydias Hilfe Torger ins Bett und untersuchte ihn und Heymann. Sie schüttelte den Kopf.

„Was sollen wir schon tun?“ fragte sie. „Versuch, ihnen etwas zu essen zu geben, und sie sollen viel trinken.“

„Aber...“

„Ja, ich weiß, sie können kaum mehr trinken. Versuch es trotzdem. Ich kümmere mich um den Kaufmann, der braucht die meiste Hilfe. Wo finde ich Wasser?“

Lydia erklärte ihr, wo sie Gefäße in der Küche finden würde und wo der Brunnen war, und Katharina von Ares holte, was sie brauchte.

Währenddessen fütterte Lydia Minona mit Haferbrei. Die Kranke aß wirklich etwas, schluckte den Brei mühsam herunter und legte sich zurück. Minona hatte ihre Freundin Lydia nicht erkannt.

Torger brabbelte unablässig vor sich hin, er rechnete endlos, Lydia konnte ihn nicht dazu bringen, etwas zu essen. Nur trinken wollte er, mehr und mehr, er konnte nicht genug bekommen von dem kalten Wasser.

Den Rest des Breis verfütterte Lydia an ihr Kind.

Katharina von Ares öffnete des Kaufherren Hemd, wusch ihm Gesicht und Oberkörper, dann legte sie ihn bequemer

hin. Sie setzte sich neben ihn auf den Boden.
„Die Seuche hat ihren Höhepunkt überschritten, der Schwarze Tod hat sich ausgetobt und zieht weiter nach Norden“, sagte sie zu Lydia. „Für den Kaufmann wird es zu spät sein.“
Lydia setzte sich neben die alte Frau auf den Boden und wiegte ihr Kind auf dem Arm.
Johannes war sehr zufrieden, er rülpste und strahlte übers ganze Gesicht.
„Dein Kind nimmst du überall mit hin?“ fragte Katharina erstaunt.
„Durch Johannes bin ich vor der Seuche geschützt. Solange wir zusammen sind, kann uns nichts passieren“, sagte Lydia.
„Ist das nicht ein sträflicher Aberglaube?“
„Nein, nein“, sagte Lydia überzeugt. „Ihr sagt selbst, daß es bald vorbei sein wird, und wir beide sind gesund und wohlauf.“
„Vielleicht hast du recht, und ihr steht in Gottes Gnaden, vielleicht...“, sagte Katharina leise und wischte Heymann den Schweiß von der Stirn.
Da schlug Heymann plötzlich die Augen auf und betrachtete verwundert Katharina von Ares, die er nicht kannte.
„Wo ist Minona?“ fragte er tonlos, Katharina beugte sich ganz nah an seinen Mund, um ihn verstehen zu können.
„Seid ganz ruhig, ich bete für Euch“, sagte die alte Frau.
„Werde ich...?“ fragte der Kaufmann.
„Ich kann nichts mehr für Euch tun, aber ich...“
„Ich habe meinen Frieden gemacht“, sagte Heymann, und ein feines Lächeln glitt über seinen Mund. „Nur eins, bitte...“
Er machte eine Pause, er sammelte Kraft, um weiterzusprechen.

„Minona, meine Liebe, mein einziges Kind, sie soll alles erben, hört Ihr! Sie kann sorglos leben, wenn sie... Ich hab eine Urkunde ausgestellt, sie liegt im Registerkasten."
„Ich werde dafür sorgen, daß alles so geregelt wird, wie Ihr es wünscht."
Heymann schwieg.
Lydia hielt Johannes fest im Arm, sie war bei Heymanns Worten aufgestanden und zurückgetreten, etwas beängstigte sie sehr.
Plötzlich verzerrte sich Heymanns Mund zu einer häßlichen Grimasse, und stoßweise sagte er: „Warum muß ich sterben? Warum ausgerechnet ich?"
„Hadert nicht mit Eurem Schicksal", sagte Katharina von Ares bittend.
„Ach was! Nichts als Worte, der Tod ist der größte Betrug, den es gibt. Ich bin ein ehrlicher Geschäftsmann, ich..."
„Still, ich bitte Euch! Trost gibt es bei..."
Heymann richtete sich auf und stieß einen lästerlichen Fluch aus, Katharina hielt sich vor Schreck die Hand vor den Mund, und Lydia wich hinter das Prunkbett zurück, als suche sie Schutz bei Minona und Torger.
Der Haß hatte ihn viel Kraft gekostet. Er fiel zurück. Katharina murmelte ein Gebet und bekreuzigte sich und auch ihn.
Johannes lachte und zog an Lydias Haaren.
Aus Heymanns Augen traten Tränen, er sagte leise: „Verzeiht."
Dann starb er.

Von dem lauten Schimpfen war Minona aufgeschreckt. Das Fluchen machte ihr angst. Sie kannte die Stimme genau, es war nicht Torgers Stimme.

Sie wollte sich aufrichten, doch sie war zu schwach, und undeutlich bekam sie mit, wie sich Katharina und Lydia unterhielten. Aber sie verstand von all dem nichts.
Katharina von Ares versprach, Träger zu schicken, auch ein richtiges Grab würde der Kaufmann bekommen. Auf dem kleinen Friedhof, den die Beginen in ihrem wilden Garten angelegt hatten. Denn sie lebe jetzt bei den Beginen, erklärte die alte Frau.
Aber ich bin noch nicht tot, dachte Minona gleichgültig. Einen wilden Garten stellte sie sich wunderschön vor.
Später hörte sie Lachen und Singen aus dem Nebenzimmer, als würden dort Kinder spielen. Es waren Lydia und Johannes, die sich mit der Wachstafel und dem Rechenbrett des Kaufherren vergnügten.
Minona merkte plötzlich, wie sich jemand aufs Bett legte. Sie erkannte Torger nicht.
„Ich will sterben“, sagte der Fremde bittend.
Minona schüttelte heftig den Kopf.
Plötzlich erfaßte ihren Körper ein Feuerbrand, und das riß sie empor, sie stand auf. Schwankend stand sie da. Langsam bewegte sie sich einen Schritt voran, sie hielt sich am Bett fest. Plötzlich rannte sie durch das Nebenzimmer, an Lydia vorbei, stürzte durchs Treppenhaus, hinunter und über den Hof, hinaus auf den Hellweg, wo sie weiterrannte, bis sie nicht mehr konnte. Sie fand sich zwischen rauchenden Trümmerresten eines abgebrannten Hauses, einem umgestürzten Karren und drei Bettlern wieder, ein magerer Hund bellte sie an.
„Was ist geschehen?“ fragte sie die Bettler.
„Seht euch die an“, lästerte einer. „Mein Fräulein, habt Ihr einen schwarzen Liebhaber gehabt?“
Sie lachten.
Minona drehte sich um und rannte weg, zum Marktplatz,

dann zurück zur Reinoldikirche, und erst am Teich bei der Brüggestraße stoppte sie wieder.
Genau vor Minona standen vier Betrunkene, die in ihrer Mitte einen alten Mann festhielten. Sie hatten ihm die Hände auf dem Rücken zusammengebunden.
„Ich sag euch, das ist ein Jud! Und der hat schuld an dem Elend!“ sagte einer.
„Genau! Und dafür soll er hängen und...“ Er machte eine Pause, lachte, dann drückte er dem Mann den spitzen Judenhut tief ins Gesicht. „Und von den Hunden gezwickt werden, ha!“ Er zeigte zu dem hohen Baum.
Minona sah, daß an einem dicken Ast zwei Hunde an den Hinterläufen aufgehängt und ihre Mäuler zugebunden waren. Ihre Augen traten blutgierig hervor.
Johlend hoben die Männer ihr Opfer hoch und hängten ihn kopfunter an den Beinen auf, dabei fiel sein Hut herunter.
Der Mann schrie nicht, er machte keine Bewegung, er verhielt sich völlig still und gelassen.
Die Hunde witterten ihr Opfer, und ihre Leiber zuckten.
Minona stand versteinert da. Das war ein Fiebertraum, sie brauchte nur aufwachen, und alles wäre vorbei.
Sie banden den Hunden die Mäuler auf und warteten nun, daß die gereizten Tiere nach dem Menschen in ihrer Mitte schnappen würden.
Aber dazu kam es nicht, der Ast brach, die beiden Hunde kamen aus ihrer Schlinge frei und flohen blitzschnell. Der Unschuldige aber, den sie hatten ermorden wollen, lag verletzt am Boden. Die Gruppe tanzte johlend um den Juden herum, sie traten nach seinem Kopf, seinem Leib.
Ganz plötzlich jedoch verloren sie die Lust an ihrem Opfer, schimpften über den morschen Baum und gingen weg.
Minona betrachtete den Mann am Boden, doch sie hatte

nicht die Kraft, sich weiter um ihn zu kümmern, sie würde jemanden herschicken.
Sie drehte sich um und ging fort.
Sie war einfach entsetzt.
Ihr Kopf war plötzlich ganz klar und frei von Fieber. So ging sie nach Hause. Sie wußte plötzlich wieder alles genau.
Als sie ins Zimmer der Kranken kam, hockte Lydia in der Ecke unter dem Fenster und jammerte wie ein kleines Kind. Johannes lag in eine Decke gewickelt neben ihr und schlief.
„Ich hab sie, ich hab sie", wiederholte Lydia immer wieder.
Minona beugte sich zu ihr herunter und hielt sie fest im Arm. Heiße Tränen liefen aus Lydias Augen.
Minona merkte in diesem Augenblick, daß ihre Achseln weniger schmerzten, der Druck hatte nachgelassen... Sie fühlte sich besser.
Aber Lydias Schmerz darüber, daß sie sich nun doch angesteckt hatte, machte Minona sprachlos.
„Ich geh weg", sagte Lydia auf einmal und schob Minonas Arm fort. „Ich geh nach Haus. Hier kann ich nicht bleiben. Der Johannes muß leben, das ist meine ganze Zukunft."
Sie stand auf, hob Johannes vorsichtig auf den Arm und ging weg, ohne sich umzublicken.
Minona folgte ihr bis zur Tür.
„Ich komme, sobald ich kann", sagte Minona leise, Lydia hörte das nicht.
Minona war erschöpft, sie legte sich aufs Bett und drehte ihren Kopf zu Torger. Die Klarheit im Kopf war geblieben.
Torger lag da, matt und elend und rührte sich nicht.

„Mein Lieber, wie kann man das alles ertragen?“ fragte sie ihn.

Dann schlief sie ein.

Erst von den beiden Trägern, die Katharina von Ares geschickt hatte, wachte sie wieder auf.

Die Träger kamen grußlos daher und hoben Heymann auf ihre Bahre. Einer sah zu Torger und Minona und fragte: „Die auch?“

Aber da war Minona schon hellwach und sagte empört: „Aber Torger lebt doch noch. Ihr müßt zum Teich hinter Reinoldi, da liegt ein Verletzter.“

Die Träger zuckten mit den Schultern und waren schon wieder verschwunden.

Minona lag eine Weile auf dem Bett und lauschte ins Zimmer. Sie befühlte vorsichtig ihre Achselhöhlen und merkte, daß sich die Geschwüre wirklich geöffnet hatten.

Ganz allmählich begriff sie, was das bedeutete. Sie würde nicht sterben, sie würde die Seuche überleben, sie...

Und Torger? Torger durfte nicht sterben...

Sie beugte sich zu ihm, er atmete schwach, und seine Stirn fühlte sich noch heißer an.

Sie raffte sich auf, holte frisches Wasser aus dem Brunnen und gab ihm zu trinken. Seine Lippen waren spröde und rissig, das Wasser kühlte sie etwas.

Abends war Minona wieder völlig entkräftet, sie lag auf dem Bett und fiel in einen unruhigen Schlaf. Sie wachte oft auf und lauschte besorgt auf seinen Atem. Erst gegen Morgen schlief sie tief und fest ein.

- 16 -

Das Löwengesicht

Die Sonne ging auf, wanderte höher und stand bald über der Stadt Dortmund, beschien all das Elend in den Straßen und Gassen. Fliegen summten um einen Dunghaufen, fette Tiere, die bläulich schimmerten. Eine abgemagerte Katze stromerte vor dem Haus des Kaufherren herum und strich um das Tor, das etwas offen stand.

Im ersten Stock funkelte das helle Tageslicht im Spiegel neben dem Bett, auf dem Torger und Minona lagen, Torger im Fiebertraum und Minona im Schlaf. Sie rollte sich auf die andere Seite, schlug plötzlich die Augen auf, starrte auf den leuchtenden Spiegel.

Langsam setzte sie sich auf, schüttelte ihre verschwitzten Haare und beugte sich zu Torger. Er atmete, zwar schwach, aber regelmäßig. Sie tastete nach den Geschwüren, fühlte die Schwellung und die Hitze seines Körpers.

Sie stand auf, und nach und nach fiel ihr alles wieder ein.

Sie würde gesund werden!

Es war unglaublich, aber sie fühlte sich ausgeschlafen, fühlte sich besser, nicht mehr so klapprig auf den Beinen.

Sie überlegte, während sie aus dem Fenster schaute, das helle Licht draußen machte sie hungrig. Als erstes mußte sie für Torger und sich Essen und Trinken holen. Dann die Gute Frau oder ...

An Heymann dachte sie überhaupt nicht.

Sie sah noch einmal nach Torger, dann ging sie langsam in ihre Dachbodenkammer und zog sich saubere Sachen an.

Als sie auf den Hof kam, bückte sie sich zu der streunenden Katze und streichelte sie.
In der Küche roch es faulig, nirgends konnte sie Brot finden. Sie ging in den Vorratskeller hinunter und suchte in den Regalen nach Eßbarem, aber alles war leer, nur einen Sack mit verschimmelten Zwiebeln fand sie. Daraus hätte sie nicht mal eine Suppe kochen können.
Sie ging in den Stall. Die Pferde waren nicht mehr da, der Schweinestall war auch leer.
Sie wollte ins Lagerhaus, dessen Tür fest verschlossen war. Plötzlich hörte sie merkwürdige Töne aus dem Garten. Es klang wie eine ganz hohe Frauenstimme, die ganz schnell aneinandergereihte Worte sang.
Minona ging den seltsamen Tönen nach.
Hinter den Sträuchern, schon am Ende des Gartens, sah sie eine Gestalt. Der Mann, oder die Frau, stand auf einem Bein, die Arme waren weit ausgestreckt, und die Augen blickten zur Sonne. Aus dem weit aufgerissenen Mund kamen spitze, schnelle Töne. Plötzlich wurden die Augen aufgemacht, der Mann sah Minona und machte eine Pause. Dann verbeugte er sich galant und begann von neuem: Erst in hohen Tönen, dann schlug er einen Trommelrhythmus gegen die Backe, schneller und schneller.
Minona fiel ein, wer das war: ein Geräuschimitator, der seine Kunst gewöhnlich auf Märkten und Plätzen vorführte. Gibt er hier eine Vorstellung für sich? überlegte sie.
Und wie sah er aus? Sein Mantel war zerfetzt, er hatte keine Schuhe, und seine Arme waren nackt, er sah genauso abgemagert aus wie die Katze im Hof.
Er machte ein Geräusch, als flögen Geister durch die Nacht, Minona bekam vor Schreck eine Gänsehaut, danach ertönten Hörner und Trompeten, und es begann ein unbeschreibliches Getöse. Der Imitator wurde lauter und

lauter und tobte. Minona wich zurück, der Mann war ihr unheimlich.
Völlig erschöpft pfiff er wie eine Ratte, drehte sich einmal im Kreis, dann fiel er hin, stand aber gleich wieder auf.
„Was war das?“ fragte er.
Minona wußte es nicht, sie zuckte mit den Schultern.
„So klingt der Schwarze Tod, natürlich“, sagte er leise, begann auf einmal zu weinen und setzte sich ins Gras: „Draußen vor dem Garten liegt ein Leichenhaufen, groß wie.... Ich, Mensch, ich sehe in einen Abgrund und beweine das Schicksal der Welt.“
Die Tränen liefen nur so über sein ausgemergeltes Gesicht, er drehte sich um und ging fort. Minona war verwirrt, sie kehrte zum Hof zurück, zurück zu Torger.
Zu essen hatte sie nichts gefunden, nur Wasser aus dem Brunnen, mit dem sie Torgers Gesicht wusch und das sie schluckweise in seinen Mund goß.
Gegen Abend wurde Torger wach. Er stöhnte und wollte trinken. Er trank fast drei Becher aus und hätte noch mehr getrunken.
„Du mußt zu ihm“, sagte er leise zu Minona. Sie hockte neben dem Bett und hielt seine narbige Hand fest. „Ich hab von ihm geträumt. Ich will wissen, was mit meinen Eltern geschehen ist. Ich will wissen, woher ich die Narben an meinen Händen hab, ich will... ich hatte einen schrecklichen Traum. Irgendein Tier...“
„Das hat doch keinen Zweck“, sagte Minona.
Da richtete sich Torger auf und schrie ganz laut: „Ich will es aber wissen! Verstehst du denn nicht, wie soll ich sonst sterben? Die Narben sind von keiner Krankheit, aber wovon dann?“
Minona wollte ihn beruhigen, doch Torgers Rede wurde immer wirrer, und er regte sich immer mehr auf. Er fuch-

telte mit den Armen und warf sich hin und her. Minona versprach alles, versprach, den Hochstapler aufzusuchen und ihn zur Rede zu stellen. Es spielt keine Rolle mehr, dachte sie.
„Wirst du dann wieder gesund, wenn du das alles weißt?" fragte sie.
Torger entspannte sich und legte sich zurück.
„Bestimmt", sagte er leise. „Geh jetzt. Geh zuerst in Gerons Gästehaus. Wenn du ihn da nicht findest, dann ist er in Reinoldi oder im..."
„Ich werd ihn schon finden", sagte Minona.
„Versprich mir...", sagte Torger, dann verlor er das Bewußtsein.
Minona ging in die Küche und versuchte mühsam, mit Zunder und Stahlstift ein Feuer anzumachen. Als das Reisig endlich brannte, zündete sie eine Fackel an.
Sie ging los, nicht sehr schnell, sie fühlte sich sehr schlapp. Vor dem Richthaus brannte ein Lumpenhaufen, stinkender Qualm zog durch die Nacht, Minona hielt sich die Nase zu. An einer Hauswand lehnte ein Kranker. Als er Minona kommen sah, erhob er sich und sagte: „Helft mir, bitte, ich muß zur Marienkirche und kann nicht weiter."
Sie dachte nicht darüber nach, sie nahm einfach den Arm des kranken Mannes und brachte ihn zur Marienkirche.
„Ich will büßen", jammerte er, „oh, ich will büßen!"
Gerons Gästehaus wirkte finster, die hohe Mauer unüberwindbar. Als Minona ans Tor kam und dagegen stieß, schwang es auf, auch die Tür war offen.
Sie löschte die Fackel im Fackellöscher an der Wand und trat ein. Als sich ihre Augen an die Dunkelheit gewöhnt hatten, ging sie zum Treppenaufgang. Ganz am Ende des Flurs bemerkte sie einen Lichtschimmer. Sie schlich zu der Tür und konnte eine Stimmen vernehmen, die vor sich hin redete.

„Ist da wer?“ rief eine laute Stimme.
Erschrocken sprang Minona zur Seite und drückte sich in die dunkelste Ecke. Die Tür wurde aufgerissen, das Licht schien in den Flur, in der Tür stand der Hochstapler. Er brummte etwas, dann drehte er sich um, die Tür blieb offen stehen. Der Hochstapler bückte sich zur Feuerstelle, in der Glut sah Minona einen Topf, in dem etwas kochte. An der Wand hing eine Blendlaterne, ihr Schein fiel auf das Gesicht des Hochstaplers.
Entsetzen packte sie, als sie es schattenhaft sah. Sie wollte fliehen, aber sie wagte nicht, sich zu rühren. Ein Kälteschauer erfaßte sie, sie mußte sich schütteln.
Das Gesicht des Hochstaplers sah schrecklich aus. Wie das zerfressene Gesicht eines uralten Löwen, eines Ungeheuers aus dem Reich der Hölle.
Es war das Gesicht eines Aussätzigen.
Der Hochstapler streute Kräuter in den Topf und rührte um.
Der angenehme Geruch einer Hühnersuppe stieg ihr in die Nase. Sie machte eine zaghafte Bewegung, aber das hatte der Hochstapler schon gehört. Er humpelte in den Flur und entdeckte sie sofort.
„Also ist doch wer hier. Komm mal näher“, sagte er.
„Ich wollte zu Euch, ich hab...“, stotterte Minona.
Der Hochstapler beleuchtete Minonas Gesicht mit der Laterne.
„Kenn ich dich?“ fragte er.
„Nein“, log Minona.
„Was suchst du hier?“ fragte er und zog sie am Mantel in die Küche.
„Bleib da stehn und rühr dich nicht“, sagte er, während er den Topf aus der Glut schob.
„Also?“ fragte er dann und setzte sich auf einen Hocker.

„Was willst du? Du siehst, mit wem du sprichst, und du siehst hoffentlich auch, was mit mir ist?"
Minona nickte stumm.
„Aussatz hab ich!" rief der Hochstapler laut. „Die weiße Seuche könnte man sagen, ha!"
„Ich komme von Torger", sagte Minona.
Der Hochstapler blickte sie erstaunt an, dann grinste er, daß es Minona eiskalt den Rücke herunterfuhr.
„Von was für einem Torger denn?" fragte er lauernd.
„Torger ist schwer krank und will wissen, woher..."
„Torger kenn ich nicht. Ich! Ich bin krank. Aber ich hab ein Heilmittel entdeckt", sagte der Hochstapler laut. „Alle sind krank, und nur ich krieg die weiße Seuche."
„Torger muß vielleicht sterben", sagte Minona leise. „Er glaubt, Ihr seid sein Vater."
„Kinderkram", rief der Hochstapler.
„Er möchte wissen, woher die Narben an seinen Händen stammen."
„Kinderkram", sagte er wieder. „Narben, ha, daß ich nicht lache. Wer ist er denn, der Verräter? Mich hat er verraten, der Schweinehund."
Der Hochstapler steigerte sich auf einmal in seine Wut und schrie: „Ich hab sein Leben gerettet, daher die Narben. Ich hab ihn aus den Klauen eines Wolfsrudels befreit. Die hatten ihn schon fast zwischen ihren Fängen, da hab ich ihm das Leben gerettet, dem Kind! Er hätte der mächtigste Mann der Welt werden können, wenn er mir gefolgt wäre. Aber was red ich. Torger, bah, den kenn ich nicht."
„Ich werd ihm sagen, woher die Narben sind", sagte Minona. Dann drehte sie sich um und ging aus der Küche.
Der Hochstapler rief ihr nach: „Kinderblut hilft gegen Aussatz. Ich, ich werd leben, und Torger stirbt, ha! Das ist wirklich Gerechtigkeit."

Minona rannte aus dem Haus, so schnell, daß sie auf dem Platz mit einer Gestalt zusammenstieß. Im Fackelschein erkannte sie ihn sofort, es war noch ein Aussätziger, Basilius.
Basilius erkannte sie nicht, er schimpfte sie an und ging dann schnell in das Gästehaus. Und das machte Minona stutzig, sie zitterte vor Erschöpfung und Angst, aber sie wollte doch wissen, was Basilius und der Hochstapler miteinander zu bereden hatten.
Diesmal paßte sie besser auf und schlich, ohne entdeckt zu werden, bis zur Küchentür, sie lauschte.
„Endlich! Wo ist es?" fragte der Hochstapler.
„Noch nicht, Herr", sagte Basilius. „Wo ist das Gold?"
„Hier", sagte der Hochstapler. „Wann kannst du es bringen?"
„Morgen hol ich ihn", sagte Basilius. „Die Mutter ist die Tochter des Torwächters vom Neuentor, sie ist besonders wachsam, weil..."
„Das will ich nicht wissen", sagte der Hochstapler.
„Ich beobachte sie schon länger. Sie lebt allein im Torwächterhaus, allein mit dem süßen Kindchen. Sie hat jetzt auch die Seuche und kann auf ihr Kindchen nicht mehr richtig aufpassen."
„Und er hat nicht die schwarze Seuche?" fragte der Hochstapler. „Er muß ganz gesund sein, sonst hilft sein süßes Blut nicht."
„Sicher", sagte Basilius.
Das war zuviel für Minona, sie schlich hastig hinaus, dann lief sie zum Ostentor und immer an der Stadtmauer entlang bis zum Neuentor, ganz erledigt kam sie dort an.
Sie schlug mit den Fäusten gegen die verschlossene Tür, bis Lydia ihr öffnete. „Was willst du?" fragte sie. „Es geht zu Ende mit mir. Was mach ich nur mit Johannes?

Und du? Was ist mit dir?"
Sie gingen hinein. Johannes schlief in seinem Korb. Auf dem Boden brannte ein Talglicht im Halter.
„Ihr müßt mit zu mir", sagte Minona. „Ich habe was gehört. Basilius, du kennst doch Basilius?"
„Nicht so laut", sagte Lydia. „Ich bin froh, daß er endlich schläft."
„Basilius will Johannes klauen, um..."
„Und du bist gesund?" Minona nickte.
„Meinst du, ich werd auch wieder gesund?" fragte Lydia flehend. „Friedemar ist auch schon fort, tot oder weg..."
„Bestimmt wirst du wieder gesund", sagte Minona. „Du mußt nur mit mir kommen. Dann kann euch nichts passieren."
„Wie soll ich denn zu dir kommen? Ich bin viel zu schwach", sagte Lydia
Doch Minona ließ nicht locker, und schließlich gab Lydia nach. Sie suchte ein paar Sachen zusammen, dann wickelte sie Johannes fest ein. Sie verließen das Torwächterhaus.
Doch inzwischen war so viel Zeit vergangen, daß Basilius längst schon wieder zurück war und das Fachwerkhaus beobachtete.
Die beiden Frauen und das Kind kamen trotz dunkler Nacht nicht unbemerkt davon. Basilius folgte ihnen. Er sah hämisch mit an, wie sich Lydia mühsam auf den Beinen hielt, wie sehr Minona ihr helfen mußte, bis zum Haus des Kaufmanns zu kommen.
Basilius rieb sich die Hände, er freute sich. Er würde reich sein, er würde in dieser verotteten Stadt der reichste Mann sein, und alle müßten nach seiner Pfeife tanzen. Er hatte schon einen Plan, wie er an das Kindchen kommen konnte. Basilius sah nur noch Gold.

- 17 -

Das Feuer

Johannes schlief seelenruhig zwischen Decken und Fellen, Lydia und Torger lagen schlafend auf dem Prunkbett, als Minona in aller Frühe aufstand. Sie mußte sich um Johannes kümmern, Lydia konnte es nicht mehr.

Das Wichtigste war, Lebensmittel aufzutreiben. Milch für das Kind und Hafer oder Weizen, um einen Brei kochen zu können. Ihr fiel ein, daß der Kaufmann im Lagerhaus sicher auch Lebensmittel aufbewahrte. Also lief sie hinunter ins Kontor und suchte den Schlüssel für das Lagerhaus. Sie fand einen Ring mit drei Schlüsseln. Einer von diesen Schlüsseln paßte, so kam sie ins Lager. Sie wußte, daß in den meisten Räumen die Stoffe und Felle und Leder aufbewahrt wurden, Bienenwachs und Honig wurden in einem anderen Zimmer aufbewahrt, und im ersten Stock fand sie zwei kleine Weinfässer. Im obersten Stockwerk endlich entdeckte sie einige Kornsäcke. Sie füllte sich ein Tuch voll mit Hafer und ging schnell hinunter zur Küche.

Johannes mußte seinen Brei mit Wasser bekommen.

Sie zerstampfte das Getreide im Mörser und kochte Brei, sie ging zurück. Schon im Flur hörte sie Johannes laut schreien.

Sie nahm ihn auf den Arm, wiegte ihn, Lydia richtete sich halb auf, Torger stöhnte.

„Ich füttere ihn“, sagte sie zu Lydia.

Johannes wollte nichts essen, der Brei war vielleicht zu

heiß. Minona war unsicher, sie sang ihm ein Lied vor, da wurde er ruhig und aß schmatzend von dem Brei.
Draußen begann ein Sommertag. Die Sonne brannte, ein trockener Wind fuhr durch die Gassen und wirbelte Staub und Unrat vor sich her. Basilius harrte im Schatten aus. Gegen Mittag gab er seinen Posten auf, das Kind würde ihm nicht entgehen.
Minona hatte ab und zu aus dem Fenster gesehen, aber nichts Verdächtiges bemerkt. Der Aussätzige würde nie auf den Gedanken kommen, Johannes hier zu suchen, dachte sie.
Nachmittags schon kündigte sich ein Gewitter an, doch es dauerte bis zum Abend, ehe es schwarz und drohend über Dortmund hing. Die Kranken stöhnten unter der Schwüle, und als die Sonne hinter den grauen Wolken verschwand, wurde es nicht kühler. Der Wind hatte sich gelegt.
Minona wurde die Stille bewußt.
Dann grummelte es weit in der Ferne.
Es wurde Abend.
Basilius schlich den Hellweg entlang, eine abgedunkelte Laterne wies ihm den Weg. Vorsichtig ging er auf Heymanns Hof und sah die Fassade hinauf. In aller Ruhe blickte er sich in der Küche um, dann ging er zum Wohnhaus und schlich ins Treppenhaus. Er öffnete seine Laterne einen winzigen Spalt und sah sich um. Die Tür zum Kontor stand offen, er ging hinein. Da hörte er von oben das Knarren einer Bodendiele. Schnell schloß er die Laterne und lauschte.
Minona konnte nicht schlafen, sie war aufgestanden und ging auf und ab. Irgend etwas beunruhigte sie sehr, es lag sicher am drückenden Wetter. Eine Treppenstufe knackte laut und vernehmlich. Im gleichen Moment zuckte ein

Blitz, und ein ohrenbetäubender Donner ließ das Haus erzittern. Minona lief zum Fenster. Ein zweiter Blitz blendete sie, die Luft knisterte, und das Krachen des Donners rollte über Dortmund hin. Blitze und Donner folgten nun fast pausenlos aufeinander.
Minona schnupperte, sie roch etwas...
Plötzlich war sie hellwach, es brannte.
Das Haus brennt! dachte sie und rannte ins Treppenhaus. Das Dach und die oberen Stockwerke standen schon in Flammen.
Löschen, dachte sie. Nein, zuerst mußte sie die Kranken und Johannes retten.
Sie rüttelte Lydia wach und brachte sie hinaus zum Schuppen. Dann rannte sie zurück. Torger war aufgewacht.
Aber Johannes war fort!
Verzweifelt suchte sie ihn unter den Decken, oder hatte er sich weggerollt? Aber er konnte doch noch gar nicht krabbeln, er mußte hier irgendwo sein. Sie suchte und suchte. Dann half sie erst mal Torger bis vor das Haus. Sie wollte ins brennende Haus zurück, die Flammen knatterten in der schwarzen Nacht. Menschen kamen vom Hellweg angerannt und blieben stehen, sie unternahmen nichts, um zu löschen.
Als Minona sich umblickte, sah sie eine Gestalt über den Hof zum Garten rennen und verschwinden.
„Es brennt alles ab“, sagte Torger gleichgültig.
„Johannes ist weg!“ schrie Minona gegen den Lärm. „Basilius hat ihn geklaut. Für den Hochstapler. Sie wollen sein Blut...“
„Wir müsssen hinterher“, sagte Torger schlapp. „Ihn retten...“
„Du kannst nicht“, sagte Minona.

„Komm!“ sagte er und torkelte los. Minona folgte ihm schnell.

Als sie endlich auf dem kleinen Platz vor Gerons Gästehaus ankamen, blieben sie verwundert stehen.

Vor Gerons Haus stand der Hochstapler mit einer Fackel, und nicht weit entfernt sahen sie Basilius mit dem Kind auf dem Arm.

„Hier ist das Gold!“ schrie der Hochstapler und hielt den Beutel hoch. „Gib mir das Kind, los!“ befahl er. Ein Donnerschlag folgte seinen Worten.

Aber Basilius war nicht einer seiner Knechte, er ließ sich nichts befehlen.

„Ich weiß nicht, ob ich es nicht besser behalten soll“, sagte Basilius nachdenklich. „Seht nur, es ist so ein süßes Kind. Es tröstet mich in meinem Leid. Meine Geliebte ist tot, kaum waren wir verheiratet. Jetzt hab ich nur diesen Schatz. Und das Gold... ich weiß nicht.“

Im Aufleuchten eines Blitzes sah Minona seine Grimasse, Johannes schrie kläglich.

„Aber so war es ausgemacht!“ rief der Hochstapler.

„Ausgemacht, ausgemacht! Das Leben spielt eben anders als die Pläne, die man sich so ausmacht. Was hat es ein feines Gesichtchen.“

„Gib es her!“ schrie der Hochstapler voller Wut und machte einen Schritt auf Basilius zu.

„Kommt nicht näher, mein Herr“, sagte Basilius. „Sonst verschwinde ich in der Dunkelheit, und Ihr seht mich nie wieder. Uns beide nicht.“

„Ich brauch das Kind, sonst war alles umsonst!“ sagte der Hochstapler, plötzlich bittend.

„Nein, nein“, sagte Basilius und lachte. „Ihr braucht nur sein Blut. Aber seht doch, es hat mich angelächelt.“

Und ganz verzückt drückte der aussätzige Basilius das

Kindchen an die Brust und schmuste mit dem kleinen Johannes.

Minona konnte es nicht mehr ertragen.

Sie machte einen Satz vorwärts, war mit zwei Sprüngen bei Basilius und entriß ihm das Kind. Johannes schrie gellend auf, der Hochstapler stürzte herbei, stolperte, fiel auf die Fackel, und bis er sich wieder aufgerappelt hatte, warf sich Torger ihm in den Weg und stieß ihn zurück.

In dem Moment begann der Sturzregen. Es schüttete wie aus Kübeln, sie waren sofort bis auf die Haut durchnäßt.

„Mörder!“ schrie der Hochstapler.

Basilius fluchte und wollte Minona verfolgen, doch Torger hielt ihn fest, so lange, bis er annehmen konnte, daß Minona mit dem Kleinen fort war. Dann stieß er ihn zur Seite und folgte Minona.

Der Hochstapler und Basilius waren vor Überraschung wie gelähmt, aber Basilius erholte sich schneller davon. Er griff sich den Goldbeutel, der vor den Treppenstufen lag, und floh damit, zumindest diese Beute sollte ihm sicher sein.

Der Hochstapler machte nicht mal einen Versuch, dem Dieb zu folgen, er stand im Regen und ließ die Arme hängen. Alles war ihm verlorengegangen, und nun war auch die letzte scheinbare Hoffnung auf Besserung seiner schmerzhaften Krankheit begraben.

-18-

Ohne Hoffnung

Minona rannte, sie rannte, bis sie vor Seitenstechen nicht mehr weiter konnte. Da blieb sie stehen, japste und keuchte wie ein Hund. Den kleinen Johannes umklammerte sie fest. Aber sie gönnte sich nur so lange Pause, bis die Schmerzen nachließen, dann rannte sie weiter, als ginge es um ihr Leben.

Das Regenwasser spritzte sie naß, von oben, von unten, aber das trieb sie nur an. Nach der Gewitterschwüle tat der Regen gut.

„Johannes, mein Lieber", sagte sie, als sie zu Hause ankam. „Jetzt wird alles gut, bestimmt..."

Sie drehte sich nach Torger um, konnte ihn aber nicht entdecken, hoffentlich war ihm nichts passiert. Sie sah sich auf dem Hof um.

Der Regen hatte das Feuer fast ganz gelöscht, doch das Haus des Kaufherren war bis zum ersten Stock herunter abgebrannt, auch das Lagerhaus und der halbe Schuppen. Nur der niedrigere Küchenanbau stand noch. Mehr konnte sie in der Nacht nicht erkennen. Sie ging zur Küche.

Lydia hockte in der Ecke und blickte Minona ängstlich an.

„Da ist er", sagte Minona und legte den kleinen Johannes in die Arme seiner Mutter.

Ein kurzes Lächeln glitt über ihr Gesicht. Johannes schrie laut und schrill.

Minona nahm eilig die Schnabeltasse, die Lydia an ihrem Gürtel hängen hatte, und gab Johannes zu trinken, und er beruhigte sich. Sie machte ein Feuer an, zum Glück war trockenes Holz genug vorhanden. Der Regen trommelte auf das Dach.

Minona wurde sehr müde, aber sie wartete auf Torger.

Als er endlich kam, naß, hundemüde und matt, fiel er der Länge nach vor das Feuer.

Minona half ihm, sich auszuziehen, sie machte ihm ein Lager aus alten Pferdedecken, die im Vorratskeller gelegen hatten. Er legte sich hin, erkundigte sich nach Johannes und Lydia, dann sagte er: „Ich glaub, jetzt ist es vorbei."

„Aber du hast Johannes gerettet", sagte Minona.

Er lächelte kraftlos, dann sagte er ganz leise: „Dann hat es sich ja gelohnt." Darauf drehte er sich zur Wand und schloß die Augen.

Minona kniete sich zu ihm und legte ihre Hand auf ihn, seinen Atem konnte sie kaum spüren. Die Anstrengung, Johannes zu retten, hatte ihm die letzten Kräfte geraubt.

Da pochte es leise gegen die Tür. Ein Mann kam herein, naß und dreckig. Er blieb in der Tür stehen, kam nicht näher.

„Verzeiht", sagte er. „Ich suche Schutz vor dem Regen. Darf ich..."

Minona hatte seine Stimme wiedererkannt. Es war der Geräuschimitator, den sie neulich im Garten getroffen hatte.

„Komm rein", sagte sie. „Allerdings haust hier der Schwarze Tod."

„Der kann mir nichts mehr anhaben", sagte der Mann und kam ans Feuer. Er blies in die Glut, warf Äste darauf, und bald loderten helle Flammen. Minona setzte sich mit dem schlafenden Johannes auf dem Arm dazu.

„Ich hab sie alle begraben", sagte er leise. „Den ganzen Haufen, jeder hat einen Stein bekommen. Jetzt werden es weniger, die Krankheit geht zu Ende."

Einerseits hörte Minona ihm zu, gleichzeitig überlegte sie unablässig, was sie für die beiden Kranken noch tun konnte. Bei ihr hatten sich die Geschwüre geöffnet und dann war es besser geworden. Wenn sie nun mit einem Messer...

„Das war das Beste, was ich je getan hab“, sagte der Gaukler düster und nickte, wie um sich zu bestätigen. „Was nützt all dies Herumziehen und Vorführen und Nachahmen, dies Affenspiel vor den Menschen? Aber wenn ich noch mal zu wählen hätte, würde ich es genauso machen.“

Als der Morgen dämmerte, lehnte Minona halb schlafend an der Wand, der Vagabund lag neben der Feuerstelle und schnarchte, und Johannes schlief bei Lydia.

Von der unbequemen Haltung schmerzte Minona der Nacken. Sie hatte geträumt, wieder in dem engen Kerkerloch zu hocken, damals, als sie den Wächtern in die Arme gelaufen waren. Und Torger war mit ihr eingesperrt, war gesund, sie brauchten nur hinaus...

Sie stand auf und ging hinaus, wusch sich Gesicht und Hände im Brunnen, erst danach blickte sie zur Brandruine. Qualmend und rußig ragten die Mauern in den morgendlichen Himmel. Ein Trümmerhaufen war von dem stolzen Kaufmannshaus übriggeblieben.

Wie gut, dachte sie, daß Heymann das nicht mit ansehen muß.

Dann gab sie sich einen Ruck. Das Wichtigste war, Lydia und Torger zu retten.

Sie füllte einen Topf mit Wasser, ging in die Küche, entfachte das Feuer mit der Glut und hängte den Topf darüber.

Johannes bewegte sich unruhig. Minona ging zu ihm und nahm ihn auf.

Sie sah, daß Lydia wach war.
„Wie geht es dir?“ fragte sie.
„Wirst du mir einen Schwur leisten?“ fragte Lydia mit schwacher Stimme.
„Was denn für einen Schwur, warum denn?“
„Du mußt mir schwören, daß du Johannes niemals verlassen wirst, daß du ihn wie dein Kind lieben wirst, daß du immer für ihn da bist, wie ich es...“
„Aber nur solange du krank bist“, sagte Minona schnell und schluckte.
„Ich steh doch nicht mehr auf.“
Minona wollte etwas erwidern, doch dann schwieg sie. Sie wußte, Lydia hatte recht, ihre Freundin würde nicht mehr lange leben.
„Ich schwöre es dir“, sagte Minona und nahm Lydias Hand.
Johannes war wach geworden, er blickte zu seiner Mutter. Er sah sie eindringlich an, als wisse er, was geschehen würde, als wolle er ihr etwas mitteilen, was weit über seinen kindlichen Verstand hinausging und was eben doch nur mit diesem kindlichen Geist erfaßt werden konnte. Für kurze Momente wurde Lydias Blick klar und scharf, und sie versank in den Augen ihres Kindes.
So sprachen sie ein letztes Mal miteinander, ohne ein Wort zu wechseln...
Es war ein Gespräch, bei dem Minona ausgeschlossen war.
Und Lydia starb.
Johannes verzog keine Miene, seine kleine Hand griff in Minonas pechschwarze Haare und ließ sie nicht mehr los.
Minona schloß Lydias Augen.
In dem Augenblick sprang der Gaukler auf und rief: „Überall der Schwarze Tod. Ich kann ihn nicht mehr sehen! Ich will nicht mehr! Ich will nur leben!“

Mit diesen Worten flüchtete er aus der Küche und hätte beinahe die alte Katharina von Ares umgerannt, die gerade hereinkommen wollte.

„Langsam, langsam", sagte sie, aber da war er schon weg.

Minona war noch völlig erschlagen vom Tod ihrer Freundin. Sie wiegte den kleinen Johannes auf dem Schoß und würgte krampfhaft an ihrem Elend. Katharina versuchte, sie zu beruhigen. Erst nach längerer Zeit hörte Minona auf die Worte der alten Frau. Sie nahm dann auch den Becher mit heißem Tee, den Katharina aufgegossen hatte, setzte sich mit Johannes auf dem Arm ans Feuer und trank. Gedankenverloren verfolgte sie, wie Katharina sich um den bewußtlosen Torger kümmerte, ihm das Gesicht wusch und seine Achselhöhlen mit einer Salbe einrieb. Nachdem sie den Kranken versorgt hatte, setzte sie sich zu Minona.

„Ich bin gekommen, um dir den letzten Willen des Kaufherren Heymann mitzuteilen, Minona. Und ich sehe, daß es zumindest dir bessergeht. Glaub mir, der Schwarze Tod hat seine Kraft verloren. In den Straßen liegen keine Toten mehr, es wird niemand mehr krank."

„Aber für Lydia ist es zu spät."

Nach einer Pause sagte die Frau: „Heymann wollte dir all sein Hab und Gut überlassen, er hat dir alles vererbt. Weißt du..."

Minona lachte auf.

„Was denn vererbt?" fragte sie. „Diese Ruine? Schutt und Asche?"

„Das hat er doch nicht ahnen können, Kind", sagte Katharina besänftigend.

„Ich weiß", sagte Minona. „Aber es ist wie ein Hohn, nicht?"

„Er hat dich wohl geliebt."

„Ich wollte ihn nicht heiraten."

„Ich verlasse diese Stadt", sagte Katharina. „Ich gehe mit dem Schwarzen Tod nach Norden, da werde ich gebraucht. Hier wird bald alles wieder so sein wie früher."

„Nichts wird mehr so sein wie früher", sagte Minona voller Bitterkeit.

„Denk nicht daran", sagte Katharina. „Wir bringen Lydia hinaus."

Das taten sie dann.

Sie wickelten sie in eine Decke und trugen sie hinaus in den Garten. Dort bei der bemoosten Steinbank gruben sie abwechselnd an dem Grab. Johannes lag auf einem Fell und spielte mit einem Schmetterling, der seinen Kopf umgaukelte und sich auf seine Nasenspitze setzen wollte.

Die Grube war nicht tief, aber die Kraft der beiden war erschöpft. Katharina sprach ein kurzes Gebet. Minona hatte Wiesenblumen gepflückt, die sie der Freundin mitgab. Dann schaufelten sie das Grab wieder zu.

Katharina verabschiedete sich gleich hier von Minona.

„Ich hab dir die Salbe dagelassen, sie hilft. Manchmal." Sie nahm Minona in den Arm.

„Alle verlassen uns", sagte Minona zu Johannes, als Katharina fort war.

„Alle, alle. Was soll aus uns werden?"

- 18 -

Die goldene Hand

„Komm", sagte Minona zu Johannes. „Wir wollen alles tun, damit Torger uns nicht verläßt."

Sie lief mit Johannes auf dem Arm zurück durch den Garten in die Küche.

In der Küche legte sie Johannes auf ein Fell. Er stemmte mit den Ärmchen den Oberkörper hoch und beobachtete genau, was sie nun tat.

Sie wusch Torger, dann rieb sie ihn mit der Salbe ein. Johannes lachte, er fand das lustig. Torger bekam von all dem nichts mit, er dämmerte vor sich hin, murmelte was von Zahlen, die unbedingt von irgendwas abgezogen werden mußten. Als Minona fertig war und ihn wieder zugedeckt hatte, legte sie seinen Kopf in ihren Schoß, lehnte sich an die Wand, sie strich über seine Haare.

So verbrachten sie die meiste Zeit des Tages, Johannes schlief viel. Wenn er wach wurde, gab Minona ihm Brei zu essen und Wasser zu trinken. Sie wickelte Johannes mit alten Tüchern, das war eine Abwechslung, die sie ablenkte.

Sie selbst aß nichts. Sie versuchte, Torger zu trinken zu geben, doch er konnte nicht mehr schlucken, da gab sie es auf.

Sie lauschte auf seinen Atem, der immer schwächer wurde, sie spürte, wie seine Widerstandskraft schwand.

Es wurde Abend, es wurde Nacht, Johannes schlief, und Torger lag in ihrem Arm, sein Zustand blieb unverändert. Minona schlief in dieser Nacht nicht.

Am nächsten Morgen, als sie aufstand und Johannes sogleich zu schreien begann, brauchte Minona lange, um in die Gegenwart zurückzufinden. Sie sah sofort, daß es Torger schlechter ging.
Da erfaßte sie ein solches Entsetzen, eine solche Angst, wie sie es noch nicht gekannt hatte. Sie rannte auf und ab, sie wußte nicht mehr ein noch aus, und je unbeherrschter sie wurde, desto lauter brüllte Johannes.
Sie hielt es nicht mehr aus, stürzte hinaus auf den Hof, sah die schwarzen Balken des Hauses aufragen, sah den Schutt, all das, was der Kaufherr ihr vererbt hatte, und ihr Körper krümmte sich.
Und sie schrie!
Sie schrie und schrie. All ihr Elend, ihr Leid schrie sie in den Himmel hinein.
Sie schrie, bis nichts mehr in ihr war.
Dann kam sie zur Besinnung.
Sie wußte, sie mußte etwas tun, irgend etwas. Aber sie wußte nicht, was.
Sie stürzte in die Küche, wickelte Johannes in ein Tuch und band es sich um die Schulter, wie sie es bei Lydia gesehen hatte.
Sie lachte wie eine Wahnsinnige. „Komm mit, mein Kleiner, es gilt, ein Leben zu retten, schnell, schnell."
Johannes hatte sich wieder beruhigt. In dem Tuch gefiel es ihm, er wurde geschaukelt, er kam hinaus aus der dunklen Küche, er kam auf die Straße. Ein Hund bellte, Spatzen schwirrten auf, und beim Marktplatz trommelte ein Bote der Stadt einen Wirbel und verkündete:
„Die Bürgersleute der Hansestadt Dortmund werden aufgefordert, Ruhe zu bewahren. Der Schwarze Tod hat die Stadt verlassen. Es werden keine neuen Kranken mehr gefunden. Und: Die Seuche endet nicht mehr mit dem Tod."

Minona achtete gar nicht auf den Ausrufer.
„Natürlich ist es ein Aberglaube", sagte Minona zu Johannes, während sie weiterhastete. „Aber Glaube oder Aberglaube ist ja alles eins, was?" fragte sie unverständlich und lachte wie verzückt. „Zauberei ist im Spiel, deshalb wird Torger nicht gesund. Er hat es mir selbst gesagt!"
Minona blieb einen Augenblick stehen und stand genau vor einer sehr alten Frau, die die Hände gehoben hatte und rief: „Warum meine Kinder? Warum nicht ich?"
Minona rannte weiter.
„Alle sind sie verrückt, mein Kleiner. Und ich bin die Verrückteste von allen und liebe Torger sehr. Was? Deshalb müssen wir ihn retten vor dem bösen, bösen Zauberer."
Johannes hielt ihre Rede für ein lustiges Spiel.
„Und wenn er wieder gesund ist, dann bauen wir uns ein neues Haus und heiraten und leben vergnügt und munter, bis wir alt sind und die Enkelkinder..."
Minona hielt inne, sie merkte selbst, daß es keinen Sinn ergab, was sie da sagte. Es gab keine Zukunft mit Häusern und Vergnügtsein und Altwerden. Hinter ihr lag Torger, totkrank, das war alles, was es gab.
Minona bog zur Reinoldikirche ein.
Sonst war immer viel Betrieb um die Kirche und im Innern gewesen, aber diesmal nicht. Nur zwei Bettler und zwei alte Männer standen im Eingang und redeten miteinander.
In der Kirche roch es nach Weihrauch. Minona atmete tief ein. Der Duft tat gut nach dem Gestank der Krankheit und des Todes.
Auf einigen Altären qualmten Talglichter und Kerzen. Minona schlich durch die leere Kirche nach vorn.
Sie wußte noch immer nicht, was sie hier wollte. Beten? Vielleicht.

Als sie sich dem Altar mit der Reliquie näherte, beschlich sie eine undeutliche Ahnung. Der reich verzierte Kasten mit der vergoldeten Hand darin wurde von einem Mönch bewacht. Der Vorhang aber, der damals zerrissen war, lag gefaltet daneben.
Plötzlich wußte sie, was sie tun mußte.
Sie sagte zu Johannes: „Wir müssen frech sein, wir beide. Also aufgepaßt, Kleiner. Wir müssen all unsren Mut zusammennehmen." Johannes schmatzte vergnügt.
Sie stellte sich neben den Mönch und betrachtete die goldene Hand. Dann nahm sie Johannes aus dem Tragetuch und hielt ihn einfach dem Mönch hin, sie sagte: „Hier halt mal das Kind. Ich will beten."
Der erstaunte Mönch hielt Johannes fest und blickte ihn an, als habe er noch nie ein Kind im Arm gehabt.
Minona kniete sich ganz langsam hin.
Der Mönch sagte zu Johannes: „Na, du Süßer, pep pep pep!"
Da griff Minona blitzschnell nach der goldenen Hand, steckte sie ins Tuch, nahm Johannes, setzte ihn darauf und rannte weg.
Der Mönch hielt seine Arme noch immer geöffnet. Er verstand nicht, was eigentlich eben geschehen war. Daß die Hand weg war, hatte er noch gar nicht bemerkt.
Minona rannte durch die Kirche. Sie rutschte aus, stolperte, rappelte sich hoch und rannte weiter, hinaus.
„Wohin wollen wir mit unserem Schatz, Kleiner?" fragte sie atemlos Johannes.
Sie war plötzlich guter Dinge.
Johannes krähte und strampelte mit den Armen, ihm gefiel dies Gerenne sehr.
„Also irgendwohin..."
Sie rannte am Teich entlang, die Brüggestraße hinunter

zur Brüggepforte. Sie rannte aus der Stadt. Dann wurde sie langsamer und blieb endlich stehen. Sie blickte sich um, verfolgt wurde sie nicht.

„Wir sind aus der Stadt raus, Kleiner", sagte sie. „Das ist schön, nicht? Guck mal, da krabbelt ein Käfer."

Sie unterhielt sich mit Johannes und dem Käfer, bis ihr wieder einfiel, weshalb sie hier war.

Sie machte ein paar Schritte auf ein Gebüsch zu und stand plötzlich vor dem Loch, eine Grube für Abfälle.

Tief genug für einen Leichenhaufen, dachte Minona.

„Genau richtig für uns", sagte sie.

Vorsichtig legte sie Johannes ins Gras und holte die Hand aus den Windeln.

Die Hand glänzte strahlend im Sonnenlicht.

„Schön nicht?" sagte sie zu Johannes. „Aber sie ist falsch..."

Dann warf sie die gefälschte Reliquie in das Loch. Mit der Hand schaufelte sie Erde darauf, bis nichts mehr von den goldenen Knochen zu sehen war. Johannes sah ihr begeistert zu.

„Geschafft", sagte sie und wischte sich die Hände am Rock ab.

„Geschafft, mein Kleiner", sagte sie zärtlich zu dem Kind und hob es wieder auf.

Sie sah sich nicht ein einziges Mal um, als sie nach Dortmund zurückging, zurück auf Heymanns Ruinengrundstück. Sie ging in die Küche, setzte sich zu Torger und betrachtete ihn.

„Jetzt wird es ihm bald wieder bessergehen", sagte sie zu Johannes. Sie glaubte das wirklich.

Minona bekam gar nicht mit, daß es nicht gut um Torger stand, gar nicht gut.

Mitten in der Nacht schrak sie auf.
Jetzt stirbt er, dachte sie und griff nach seiner Hand.
So hielt sie regungslos die narbige Hand, die ganze Nacht, und erst, als feines Tageslicht durch die Türritzen eindrang, ließ sie seine Hand los.
Aber Torger war nicht tot, er atmete, und sie konnte es spüren.
Sie riß die Tür auf, um besser sehen zu können. Sie beugte sich vor sein Gesicht.
Torger öffnete die Augen und lächelte zaghaft.
„Meine Arme...“, flüsterte er.
Minona öffnete sein Hemd. Sie sah sofort, was geschehen war. In der Nacht hatten sich die Geschwüre geöffnet.
So war es bei ihr auch gewesen und dann...
Sie sprang auf, sie riß Johannes aus dem Schlaf und stürzte mit ihm hinaus in den beginnenden Tag.
„Dann wird er wieder gesund!“ schrie sie voller Freude.
„Dann wird er wieder gesund!“ schrie sie noch einmal in den Himmel, noch lauter. Johannes brüllte kläglich, er war noch gar nicht richtig wach.
Minona küßte ihn, tanzte über den Hof, jubelte an den Aschenhaufen vorbei, freute sich, wie sie sich noch nie im Leben gefreut hatte.
Johannes machte der Freudenausbruch angst. Er wollte zu seiner Mama. Und diese verrückte Frau war nicht seine Mama.

\- 19 -

Schluß

Torger ging es wirklich besser.

Minona pflegte ihn, so gut sie es vermochte, denn sie selbst war auch noch sehr schwach. Aber die Aussicht, daß er wieder gesund werden würde, gab ihr die nötige Kraft.

Johannes freundete sich mit diesem Mann an, der den ganzen Tag neben der Feuerstelle lag, wenig sprach und sich kaum bewegte. Johannes durfte sich auf seinen Bauch legen und runterkugeln, das war ein großes Vergnügen.

In der Stadt kehrte noch lange kein geregeltes Leben ein, doch die ersten Bauern und Händler kamen aus den Nachbardörfern und boten zu teuren Preisen an, was gebraucht wurde: Milch, Getreide, Gemüse und mageres Schlachtvieh. Einige Familien kehrten in ihre Häuser zurück, andere Häuser wurden von Fremden bezogen, manche Häuser standen noch lange leer, bis sie verfielen und abgerissen wurden.

Minonas größte Sorge war, genug Lebensmittel für sie drei zu besorgen. Im Garten konnte sie Salat und wilde Möhren ernten, und einen halben Sack Getreide hatte sie vor den Flammen retten können. Doch sie brauchte Milch und hatte kein Geld. Aber zum Glück fand sie in den Trümmerresten einige Gegenstände, die sie an einen Trödler verkaufen konnte. Das Rechenbrett, eine eisenbeschlagene Kiste mit einigen Pergamentrollen, mit der verbogenen Wachstafel und Stiften und einem kleinen Spiegel.

Dafür konnte sie Milch kaufen.
Torger wurde kräftiger, er konnte bald wieder selbst essen und trinken, denn wenn Minona ihn fütterte, schämte er sich schrecklich.

An einem Tag in der folgenden Woche ging Minona mit Johannes durch die Silbergasse zum Marktplatz. Sie hatte gehört, daß dort Salz und Brot verkauft werden sollte. Es war ein warmer Tag, die Menschen, die ihr begegneten, hatten freundliche Gesichter und begrüßten sich wie alte Bekannte.
Nachdem sie Brot und Salz bekommen hatte, wollte sie in die Marienkirche. Sie kam an einem Bettler vorbei. Dieser Bettler hatte kein freundliches Gesicht, es war zerfressen und entstellt.
Minona erkannte den Bettler trotz seiner Lumpen, dies Gesicht würde sie nie vergessen. Von all der Pracht und Herrlichkeit des Hochstaplers war nichts mehr geblieben. Er verhüllte sein Gesicht und bat um eine milde Gabe.
Sie brach ein Stück Brot ab und legte es ihm in die Schale. Was würde geschehen, wenn sie ihm erzählte, in welchem Abfalloch die goldene Hand gelandet war? überlegte sie.
„Ich kenne Euch“, sagte sie leise. Sie hatte keine Angst mehr vor ihm, aber leid tat er ihr auch nicht.
„Ich kenne dich auch“, sagte er.
„Torger wird wieder gesund“, sagte Minona.
„Torger?“ fragte der Hochstapler und sah zum ersten Mal auf. „Der Kleine darf leben und ich nicht? Du, ich hab große Schmerzen, überall, im ganzen Körper, ich kann mich kaum rühren. Ich wollte ins Katharinenkloster, aber man hat mich nicht eingelassen. Meine Freundin ist tot, und die anderen wollten nichts mit mir zu tun haben.“
Minona wollte weiter, doch der Hochstapler sagte: „War-

te, meine Dame, da war noch was, was ich dir sagen wollte. Ich war wirklich Wissenschaftlicher Rat des Papstes, und Torger sollte einmal Papst werden, dafür hatte ich sorgen wollen. Weißt du, wie schön es ist, Macht zu haben? Macht ist berauschend, man will mehr und mehr! Dafür konnte ich alles tun."
Ein Glitzern trat in seine verklebten Augen.
„Weißt du, woher er stammte, dein Torger? Er war der Sohn zweier Pilgersleute aus dem hohen Norden, die sich eines Verbrechens schuldig gemacht hatten und die deshalb hingerichtet wurden. Da hatte ich meinen Torger ganz für mich. Ein kleiner Junge, so wie der da. Das Verbrechen, dessen seine Eltern angeklagt wurden, hatte ich schlau eingefädelt, sehr schlau. Es gab nichts, was die beiden retten konnte. Ich war ein mächtiger Mann in Avignon, viele zitterten vor mir. Diesen Torger mußte ich sehr streng erziehen, denn er war widerspenstig, wenig einsichtig..."
Minona lauschte gespannt. Jetzt würde sie vielleicht die Wahrheit über Torgers Vergangenheit hören.
„Wenn er gar nicht lernen wollte, und er mußte viel lernen, da er einmal Papst sein sollte, dann, weißt du, was ich dann gemacht habe?"
Das schreckliche Gesicht des Hochstaplers lächelte genüßlich.
„Ha, ha! Dann mußte er mit meinem Wolfshund um die Wette laufen. Meistens gewann er. Aber einmal verlor er. Das war ein Anblick! Da konnte ich ihn nur mit knapper Not retten, der Hund war wie von Sinnen..."
„Und daher die... Narben?" fragte Minona erschrocken.
„Ja,ja", sagte der Hochstapler. „Die strenge Erziehung war dann auch nicht mehr nötig. Er hat schnell kapiert, worum es ging, der Kleine. Ein ganz gefährlicher Spitzbu-

be ist das, das kann ich dir flüstern. Seine Eltern endeten am Galgen."
Der Hochstapler lachte wieder.
„Schade", fuhr er fort. „Ich hätte der mächtigste Mann in Dortmund sein können. Deshalb floh ich auch nicht vor dem Schwarzen Tod. Ich dachte, mit dem nimmst du es spielend auf. Irrtum."
Er schwieg, sah Minona von unten her an.
„Du möchtest vielleicht noch wissen, wie... das Wunder geschah, hä? Weißt du, wie ich es gemacht habe? Der Vorhang war schon eingerissen und nur mit einigen Fäden zusammengenäht, und das Blut hatten wir in einer Kalbsblase. Basilius hat mir geholfen. Du kennst doch Basilius? Aber es war alles umsonst. Da kommt die Stadtwache. Die wollen mich verjagen, ich darf hier nicht betteln. Jetzt kehrt wieder Ordnung ein, also ab ins Siechenhaus mit mir. Leb wohl und grüß mir den Kleinen. Ich? Ich hab keine Kraft mehr, sonst müßte der Torger mich fürchten. Ich hasse ihn! Solange ich lebe, hasse ich ihn!"
Er spukte vor Minonas Füße.

Einige Tage später führte sie ihr Weg an der Grutstraße vorbei. Vor dem hohen Lindenbaum, dessen dunkelgrüne Blätter jetzt ein breites Dach bildeten, blieb sie stehen. Sie rief nach der jungen Nonne, bekam aber keine Antwort. Sie trat an den Baumstamm heran und blickte durch die Blätter und Äste hinauf.
Die Nonne war nicht mehr da.
Minona legte den Kopf in den Nacken und blickte ins Himmelsblau, das durchs Geäst strahlte.
Was ist mit der jungen Nonne geschehen? überlegte sie. War sie höher und höher gestiegen bis...
Sie stellte sich vor, wie die Nonne in den obersten Ästen

gesessen hatte und wie sie dann, eines morgens vielleicht, als die ersten Sonnenstrahlen die Krone der Linde aufleuchten ließen, wie sie sich aufgerichtet hatte und langsam, ganz langsam und unbemerkt von all dem Dreck und Elend und Schrecken hier unten auf der Erde, gen Himmel geschwebt war.

Und bei dieser Vorstellung mußte Minona lächeln.

An diesem Abend stand Torger zum ersten Mal wieder auf. Minona stützte ihn.

Sie ließen Johannes in dem alten Futterkorb schlafen und gingen hinaus in den Garten.

„Hier wollte Heymann ein neues Badehaus bauen", sagte Minona und zeigte auf das Brombeergebüsch neben dem Schuppen. Sie kamen an den verwilderten Beeten vorbei und setzten sich unter den alten Ahornbaum ins Gras.

„Ich hab das alles geerbt", sagte Minona, „den ganzen Schutthaufen."

„Wir können es wieder aufbauen", sagte Torger. „Ich werd ein sehr guter Kaufherr sein. Du weißt, wie gut ich rechnen kann."

„Ja, das weiß ich. Aber wir können auch fortgehen."

„Wenn ich erst mal wieder bei Kräften bin, dann..."

Minona lächelte, dann küßte sie ihn.

Sie sah ihn eindringlich an. In seinen Augen spiegelte sich der Abendhimmel.

Er hatte ganz vergessen, daß er sie in seinem Fieberwahn zum Hochstapler geschickt hatte. Jetzt, wo es ihm besserging, fragte er gar nicht mehr danach. Zum Glück, denn woher er die Narben an seinen Händen hatte und daß der Hochstapler seine Eltern an den Galgen gebracht hatte, das würde sie ihm nie erzählen.

„Wir können in eine andere Stadt gehen und ein ganz neues Leben beginnen", sagte sie versonnen.

Torger nickte. „Ja, das können wir. Aber wir können auch hierbleiben und ein reiches Kaufherrenhaus gründen."
Sie schwiegen.
Hoch in der abendlichen Luft jagten die Schwalben, Minona sah ihnen zu.
„Ich freue mich", sagte sie leise. „Und ich liebe dich und Johannes auch. Und ich glaube, wir gehören zusammen."
„Ja", sagte Torger. „Das glaube ich auch."
Minona legte ihren Kopf an seine Schulter. So saßen sie bis in die späte Nacht.

Worterklärungen

Aussatz oder Lepra
Eine im Mittelalter weit verbreitete Haut- und Nervenkrankheit, die unheilbar war. Sie führt u.a. zu Blindheit und dem Verlust von Armen und Beinen.

Beginen
Etwa seit 1216. Eine Vereinigung von frommen Frauen, die aus allen Ständen kamen, und die in Haus- und Wohngemeinschaften lebten. Sie strebten ein geistiges Leben in Keuschheit an, kümmerten sich aber auch um soziale Aufgaben wie Dienst am Nächsten und Krankenbetreuung. Später wurden sie verleumdet und verfolgt.

Expertise
In diesem Fall das Gutachten eines hohen geistlichen Würdenträgers aus Köln, der die Echtheit der Reliquie bestätigen soll.

Geißler
Religiöse Schwärmer, die vor allem in Notzeiten mit Gebeten, Umzügen und öffentlicher Selbstbestrafung Gottes Barmherzigkeit erbitten wollten. Es kam dabei oft zu Auswüchsen, weshalb die Kirche die Geißlerzüge verbot.

Gilde
Vereinigung mit Selbstverwaltung verschiedener Berufsgruppen. In Dortmund entstand die Reinoldigilde aus einer frommen Bruderschaft und wandelte sich zu einer Kaufmanns- und Ratsherrengilde.

Grape
Bronzene oder aus Ton gebrannte, dreibeinige Töpfe oder Pfannen, die ins Herdfeuer gestellt werden konnten.

Judenhut
Im Mittelalter bestritten die Juden in Deutschland ihren Unterhalt oft mit Geldverleih, was den Christen verboten war. Sie mußten einen hohen spitzen Hut tragen, in einigen Orten mußte ihre Kleidung sogar durch einen gut sichtbaren gelben Fleck gekennzeichnet sein. Während der großen Pestepidemie um 1350 kam es zu schlimmsten Pogromen, die Juden wurden überall verfolgt, vertrieben oder getötet.

Muschelkette
Als Beweis, daß ein Pilger wirklich in dem berühmten spanischen Pilgerort Santiago de Compostela, am Grab des Apostel Jacobus, gewesen war, trug er Muscheln, die nur im Mittelmeerraum gefunden werden konnten.

Reliquie
Reste der Leiber von Heiligen oder Gegenstände aus Christi Umgebung. Im Mittelalter wurde ein schwunghafter Handel damit getrieben.

Rüstung
Zum Gedächtnis eines Verstorbenen wurden Waffen, Rüstung und Schild beim Begräbnis mitgeführt und am Grab befestigt.

Schwarzer Tod
Im Mittelalter Bezeichnung für die Pest, eine sehr anstekkende Krankheit, die meistens zum Tod führte. Sie wur-

de durch Flohbisse übertragen, an den Bißstellen bildeten sich schwarze Flecken, daher der Name Schwarzer Tod. Unter den Achselhöhlen und in der Leistengegend bildeten sich schmerzhafte Geschwüre. Man konnte sich auch direkt über die Atemwege anstecken, dann verlief die Krankheit noch schneller und konnte schon nach wenigen Stunden zum Tod führen.
Die große Pestepidemie von 1347-1350 breitete sich von Konstantinopel durch den Seeverkehr aus, war 1348 in Marseille und überzog von dort unaufhaltsam fast ganz Europa. Man schätzt, daß beinahe die Hälfte der Bevölkerung dieser Pest zum Opfer fiel.

Subpriorin
Stellvertreterin der Vorsteherin eines Frauenklosters.